中国共产党人 系列

信念之子

雷锋

人的生命是有限的，
可是，为人民服务是无限的，
我要把有限的生命，
投入到无限的为人民服务之中去。

胡世宗　著

外文出版社
FOREIGN LANGUAGES PRESS

图书在版编目（CIP）数据

信念之子：雷锋 / 胡世宗著． -- 北京 ：外文出版社，2021.6（2024.3 重印）
（中国共产党人）
ISBN 978-7-119-12754-5

Ⅰ．①信… Ⅱ．①胡… Ⅲ．①雷锋（1940-1962）—传记
Ⅳ．①D263

中国版本图书馆 CIP 数据核字（2021）第 126701 号

出版指导：胡开敏　杨春燕
责任编辑：曹晓娟
封面图片：季　增
封面设计：北京维诺传媒文化有限公司
印刷监制：秦　蒙

信念之子：雷锋
胡世宗　著

出 版 人：胡开敏
出版发行：外文出版社有限责任公司
地　　址：中国北京西城区百万庄大街 24 号　　**邮政编码：**100037
网　　址：http://www.flp.com.cn　　**电子邮箱：**flp@cipg.org.cn
电　　话：008610-68320579（总编室）　　008610-68996064（编辑部）
008610-68995852（发行部）　　008610-68996183（投稿电话）
制　　版：北京杰瑞腾达科技发展有限公司
印　　刷：鸿博昊天科技有限公司
经　　销：新华书店 / 外文书店
开　　本：700mm × 1000mm　1/16　　**印　张：**17.75　　**字　数：**250 千字
装　　别：平装
版　　次：2021 年 7 月第 1 版
2024 年 3 月第 1 版第 3 次印刷
书　　号：ISBN 978-7-119-12754-5
定　　价：58.00 元

雷锋是时代的楷模，雷锋精神是永恒的。实现中华民族伟大复兴，需要更多时代楷模。

我们既要学习雷锋的精神，也要学习雷锋的做法，把崇高理想信念和道德品质追求转化为具体行动，体现在平凡的工作生活中，做出自己应有的贡献，把雷锋精神代代传承下去。

——2018 年 9 月 25 日至 28 日，习近平总书记在东北三省考察并主持召开深入推进东北振兴座谈会时的讲话

雷锋精神是永恒的，是社会主义核心价值观的生动体现。你们要做雷锋精神的种子，把雷锋精神广播在祖国大地上。

——2014 年 3 月 11 日，习近平总书记出席十二届全国人大二次会议解放军代表团全体会议时的讲话

雷锋精神，人人可学；奉献爱心，处处可为。积小善为大善，善莫大焉。当有人需要帮助时，大家搭把手、出份力，社会将变得更加美好。我国工人阶级应该为全社会学雷锋、树新风作出榜样，让学习雷锋精神在祖国大地蔚然成风。希望你们努力践行社会主义核心价值观，积极向上向善，从“赠人玫瑰、手有余香”中感受善的力量，以实际行动书写新时代的雷锋故事，为实现中国梦有一分热发一分光。

——2014 年 3 月 4 日，习近平总书记给“郭明义爱心团队”的回信

要倡导社会文明新风，带头学雷锋，积极参加志愿服务，主动承担社会责任，热诚关爱他人，多做扶贫济困、扶弱助残的实事好事，以实际行动促进社会进步。

——2013 年 5 月 4 日，习近平总书记同各界优秀青年代表座谈时的讲话

雷锋、郭明义、罗阳身上所具有的信念的能量、大爱的胸怀、忘我的精神、进取的锐气，正是我们民族精神的最好写照，他们都是我们“民族的脊梁”。

——2013年3月6日，习近平总书记参加十二届全国人大一次会议辽宁代表团审议时的讲话

目　录

引　子

在中国，有一位家喻户晓的平民英雄，他的名字叫雷锋。

说雷锋是英雄吧，他又没有惊天动地的壮举，没有像董存瑞那样在万不得已的情势下，手托炸药包，在爆炸声中粉碎了自己，却打开了解放大军胜利前进的道路；也没有像黄继光那样，用自己的胸膛堵住敌人凶残喷吐火舌的机枪口，让战友们在冲锋的时候减少了伤亡……

雷锋是和平时期的英雄，他的英雄行为，就是在平凡的生活中做出了不平凡的业绩。他是中国人民解放军中一个普通的士兵，他是一位优秀的共产党员，他最高的官衔是班长，他的生命静止在22岁。在世界上人口最多的中国，他的名字被亿万人熟知、被几代人铭记；凡是了解他光辉事迹的人，无论男女老少，无论国别，都会对他顿生景仰之心。

人，应该怎样生？

路，应该怎样行？……

这是中国当代著名诗人贺敬之所写长诗《雷锋之歌》中的句子。是啊，人为什么活着？人的一生应该怎样度过？古今中外，人们不断地在生命途中，思考着自己认为最佳的考卷，探寻着理想的答案。雷锋却用他短暂而光辉的一生，做出了明确而响亮的回答。

雷锋说："我活着，是为了别人活得更好。"

他还说："人的生命是有限的，可是为人民服务是无限的，我要把有限的生命，投入到无限的为人民服务之中去……"

半个多世纪以来，雷锋赢得了人们持久而广泛的赞誉。

雷锋何以能成为几代中国人心中的楷模，成为人们共同认可的榜样？

让我们来认真探查、细致领略这个年轻的中国共产党人走过的人生之路吧！

第一章

血泪家史

人的生命是有限的，可是，为人民服务是无限的，我要把有限的生命，投入到无限的为人民服务之中去。

简家塘，是湖南省望城县安庆乡一个小山村的名字，1940 年 12 月 18 日，雷锋就出生在这个小村子里。雷锋的家在一片贫瘠的连绵丘陵中，那是几间不蔽风雨的茅草屋，是一个穷苦的农民之家。这个穷乡僻壤的地方，后来竟因为是雷锋的出生地而被众人所熟知。

雷锋出生那年是中国旧历的“庚辰”年，父辈就给这个苦命的孩子，起了个乳名“庚伢子”，“庚”字是因“庚辰”而来，“伢子”，是当地的方言，泛指男孩子、小伙子。

当时，由于日本帝国主义的入侵，由于国民党反动政府的不抵抗政策，祖国山河大片地沦入敌手，日寇铁蹄从东北三省开始，一路向南，也蹂躏了湖南、湖北的许多地区。湘江两岸成了豺狼当道的世界。汉奸、走狗、恶霸为非作歹，穷苦的百姓生活在水深火热之中。

“雷锋”这个名字是他长到 18 岁之后才开始使用的。在这之前，他一直叫“雷正兴”。家族的长辈们，通过给新降生的孩子起名字，把“兴隆”“兴旺”的希望，寄托到这个伢子身上。可是，雷家和乡亲们一样，生活的小舟，在无边的苦难的大海中经受着浪拍涛击，希望的灯火在这个时代和社会的凄风苦雨中忽明忽灭……

雷锋5岁那年，他家共有6口人，即祖父、父亲、母亲、哥哥、他，加上刚出生的小弟弟。两年后，在他7岁的时候，雷锋就只剩下相依为命的母亲了！

雷锋的母亲叫张元满，是一个美丽刚强的女人。张元满1910年出生在一个造船铁匠家里，铁匠家里孩子多，所以给她起名“元满”，意思就是到她这儿就打住吧，就结束吧，不要再生了。后来终因家里无力抚养，元满生下来刚刚几天，就被送到长沙一家外国人开办的育婴堂了。雷锋家乡有个姓杨的妇女，在育婴堂当奶娘，她喜欢元满，就设法把元满抱回家抚养，元满五六岁时，杨姓妇女生了个儿子，家里无力抚养两个孩子，就把元满送到雷家当了童养媳。童养媳是旧时代中国甚为流行的一种独有的女子生存现象，又称“待年媳”“养媳”，就是女孩在婴儿或幼年时期早早就到男方家中，有的被抱养到男方家，长大成人后自然就成了那家的儿媳妇。其原因是当时的社会贫穷落后，老百姓生活水平十分低下。这些女孩被送去当童养媳后，基本上没有读书的机会，整天待在家里做家务，过着悲惨的日子。中华人民共和国成立后，1950年，中国颁布了《婚姻法》，“童养媳”的问题才得到彻底解决。

元满在十几岁时，与雷锋的爸爸雷明亮结婚，担负起了雷家的生活重担：插秧、种菜、养猪、喂鸡、做饭……元满是一个勤快能干的人，也是一个聪明贤惠的人。她能干粗活儿，如修补房屋，下田锄地；也能干细活儿，如刺绣，就是一把好手。她的湘绣，还有她打的草鞋，在集市上都能卖上个好价钱。元满在工厂里当过女工，提篮拎筐做过小生意，她比一般的农家女有更多的见识和社会生活的经验。

刚强的元满是一个慈善的母亲，她对庚伢子百般疼爱，苦日子熬啊，熬啊，多少苦水她都咽在自己的肚子里，所有的磨难她都一个人扛着，总是希望庚伢子——这唯一一位亲人的心里少一些苦痛和忧愁。

只是，到了这样的一天……

那是 1947 年的夏天。地主唐四滚子的女儿要出嫁，就在佃户中寻找能工巧手来给他女儿做嫁妆。元满被找去了，万万没有想到的是，她在地主家受到了难以言传的凌辱和迫害，她有冤无处申，有苦难说出。元满怀着满腔的悲愤回到了家。回家后很少说话，很少出门，时常背着庚伢子暗自落泪，有时独自一人到丈夫的坟上痛哭一场。天下这么大，却没有一个地方能为她撑腰，为她伸张正义。

月儿圆了，中秋到了。这一天的晚上，村子临近的黄花塘坪坝上来了唱影子戏的戏班子，那儿的锣鼓响起来了。庚伢子知道这些天妈妈心里不痛快，虽然不知道原因，但他就是想让妈妈高兴起来。他跑回屋，想拉着妈妈一道去看影子戏，让妈妈快乐一点。他回到家看到，妈妈呆呆地坐在床上，泪痕满面，愁容不展，好像有无限的冤屈憋闷在心头，他扑到妈妈怀里，拉着妈妈的手摇晃着，恳求妈妈和他一道去看戏。

看着眼前懂事的儿子，妈妈此时再也控制不住，泪水从眼眶里不断地涌了出来。她把庚伢子紧紧抱在怀里，说："孩子，你还小，要是没有了妈妈，你可怎么活呀！"

庚伢子似懂非懂地听着妈妈说出这样很令人费解的话，他在妈妈怀里仰着脸，说："妈妈，你不要哭，我不离开你！"

妈妈用发直的眼神把庚伢子从头看到脚，长长地叹了一口气说："孩子，看你小手小脸弄得这么脏，来，妈妈给你洗洗！"

妈妈打来一盆清水，把庚伢子的手和脸洗干净了，然后拉他到身边，紧握着他的小手说："孩子，你可记得你的亲人都是怎么死的？"

庚伢子睁着疑惑的眼睛，摇了摇头。

接着，妈妈给他讲述了一个个亲人的悲惨往事……

在妈妈凄惨的讲述中，幼小的庚伢子的心头闪现出一个个亲人的面容……

爷爷雷新庭多年租种地主家的土地，风里雨里成年累月地劳作，把腰都累弯了，仍维持不了一家人半饥半饱的日子。1943 年的冬天来了，地主上门催收租子，说如果不把租子交上，来年就不准许雷家租种他家的土地了。可家里已经揭不开锅了，过年了，富人家都杀猪宰羊迎接新年，雷家却吃不上饭，没有下锅的米，哪还有钱交那么多没有来头的租子啊！还不到60岁的爷爷又急又气，就在这个年关，被地主活活逼死了。

爸爸雷明亮曾经有与爷爷不一样的命运。他是觉醒了的农民，虽然也和爷爷一样靠租种地主家的土地过活，但他1926年参加了风起云涌的湖南农民运动，参加了当地的农民协会，并且在农民自卫队里当队长，敢于同土豪劣绅作斗争。大革命失败后，农民运动转入了低潮。雷明亮到长沙市仁和福油盐号当起了挑夫，终年奔波在湘江两岸。1938年，日寇大举进攻中国，国民党节节败退，并且不管人民的死活，放火焚烧了长沙城。在这兵荒马乱的当口，老板仍逼着雷明亮到江边运货，结果遭到了国民党兵的毒打，口吐鲜血，内伤成疾。雷明亮丧失了劳动力后，立即被老板解雇，回到了家乡。为了一家人的生计，他带着伤病，种田、抬轿子、打零工，勉强维持生活。1944年秋天，日本侵略者侵占了长沙一带，雷明亮又被抓去当挑夫，再一次遭到毒打，当时口吐鲜血，无钱治疗，在第二年的春天就死去了。雷明亮去世时，年仅38岁。

最惨的是庚伢子的哥哥雷正德，这是一个多么懂事的孩子啊！父亲去世的时候，他只有12岁。为了多为母亲分担一点家里的重担，让弟弟能吃上饱饭，他毅然离家到150公里之外的津市一家机械厂当了童工。他年纪太小了，才仅仅12岁呀，12岁的孩子怎么能经得起一天十多个小时繁重劳动的折磨啊，正德去了不久便得上了童子痨，也就是现在的肺结核病。那时候肺结核病就像现在的癌症一样不容易医治。一天，他突然昏倒在机器旁，轧伤了胳膊和手指，精于算计的以压榨童工油水发财的资本家不仅不给他治伤，还把他解雇了。进城务工还不到半年的哥哥，拖着病残的身体回到家里。他心里时刻惦记着家庭的重担，伤势稍好一点，就又到江边一家印染作坊去当童工。他本来就有肺病，没有得到治疗就又上了班，由于劳累过度，病情一天天加重，瘦成了皮包骨头的模样。因伤病没有钱医治，1946 年，哥哥也丢了性命。

屋漏偏遭连阴雨。穷苦的人家常常是祸不单行的。庚伢子仅有两岁的小弟弟也是有病无钱医治，加上饥饿难耐，竟也在母亲的怀里咽下了最后一口气……

这些悲惨的往事，一幕幕都留在雷锋的脑海里。这些情景一部分是在那个让雷锋刻骨铭心的夜晚，妈妈讲述给他的；也有一部分是庚伢子亲身经历、亲眼所见的。

妈妈流着眼泪抱起只有 7 岁的儿子，像是对幼小的雷锋表示歉疚，又像是自言自语："孩子，你这样小，要是再没有了妈妈，你可怎么活呀？"

小小的庚伢子，不明白妈妈话里有话，不懂得妈妈这话里沉重的内涵，他仰着脸看着还在流泪的妈妈说："妈妈，你不要哭，我不离开你！"

妈妈把外衣脱下来，披在庚伢子的身上，哽咽着说："今后妈就不能再疼你了……"庚伢子更加不解，妈妈一直是疼我的，怎么就不能再疼我了呢？他的眼睛里充满了疑惑。

妈妈把庚伢子领到隔壁的本家六叔奶奶家，请六叔奶奶代为照看了一晚上……

第二天一大早，庚伢子跑回家，他推开柴门，完全惊呆了：妈妈的身体悬在梁上，他慌忙扑上前，紧紧抱住妈妈的两腿，“哇”的一声哭起来，不住地大声呼喊：“妈妈！妈妈！……”

可是，此时妈妈完全听不见儿子的呼唤了，她已经含恨去了另一个世界！

从这一天起，庚伢子成了一个孤儿。

六叔奶奶收养了这个可怜的孩子。但是，六叔奶奶家也是贫苦不堪，经常吃了上顿没下顿。

庚伢子是一个懂事的孩子，他常常偷偷外出去讨米，或上山去砍柴，不让六叔奶奶知道。

那个年代上山砍柴谈何容易？柴山都被有钱人霸占了，不让穷人上山去砍柴。庚伢子人虽小，却有股不信邪的劲儿，他想，这样一座大山怎么就是你家的？偏要上山砍。有一回，他在蛇形山上砍柴时，就遇到了徐家地主婆，这个地主婆指着庚伢子破口大骂：“好啊，你这个穷小子，竟敢到我家山上来砍柴，看我怎么收拾你！”说完就夺走了庚伢子手里的砍柴刀。庚伢子哭喊着要把柴刀夺回来，向地主婆扑过去，那地主婆竟举起刀，在雷锋的左手背上连砍了三刀。庚伢子乘势夺回了柴刀，用右手捂着左手的刀伤，鲜血，滴落在他下山的路上……

庚伢子祖上有会唱皮影戏的能人，这就是他的曾祖父雷泽东。雷泽东的儿子雷春华，就是在庚伢子母亲辞世后，收养他的那位六叔祖父。六叔祖父是皮影戏的全能艺人，会唱各种角色的人物唱段，他率领的“雷家班”一时名声大震，大户人家的红白喜事，还有农闲时节，村庄乡亲都要请他去唱皮影戏。在庚伢子的母亲还活着的时候，六叔祖父就曾找过侄媳张元满，他认为庚伢子伶牙俐齿，还具备一副好嗓子，并且具有一张谁见谁爱的甜甜面孔，想把庚伢子拉进他的皮影戏队伍里。庚伢子具有很好的弹性腰身，六叔祖父教他翻空心跟斗，他很快就能学会。可是张元满决计不让孩子学唱戏，怕他太吃苦，说他还小，过两年再说吧。就这样搁下了这桩事。等到张元满离世后，庚伢子被六叔祖父收养了，六叔祖父重新让庚伢子学戏，庚伢子对此十分乐意，能学一个本事，又能吃上饭。庚伢子对唱皮影戏有浓厚的兴趣，他既聪明，又肯钻研，跟着六叔祖父出去演戏，就能以童声伴唱了。有时还能扮个小角色出演，他的表演不仅受到观众的称赞，也受到戏班子里大人们的喜爱。可是好景不长，没几个月，六叔祖父多年劳累积下的严重风湿病，让他行走不便，从此不能外出，没戏可演了。庚伢子也就断了这条生存之路。六叔祖父的家境也因此困顿起来，庚伢子的日子就更加难过了。

为生活所迫，庚伢子在幼年时期，曾与哥哥、妈妈沿街乞讨，后来一个人以讨饭为生。六叔祖父收养了庚伢子之后，家里共九口人，常常无米下锅，尽管生活得十分贫寒，六叔祖父也一再拦阻庚伢子外出讨饭，但是庚伢子仍坚决外出乞讨，以减轻家庭的沉重负担。庚伢子的乞讨从一开始附近的村子到后来很远的外乡，少则三两天不回来，多则几十天看不到他的人影。一个独行的八九岁的孩子，穿着破衣烂衫，打一双赤脚，手拿一只饭碗，背着一个黑布袋，一家一家地哀求着：“叔叔，婶婶，行行好吧！给一点吃的吧！”乞讨的过程中，不是每次都有收获。有时会遭到一顿臭骂，甚至还会遭到恶狗的撕咬……

第二章

阳光少年

人的生命是有限的，可是，为人民服务是无限的，我要把有限的生命，投入到无限的为人民服务之中去。

中国劳苦大众这样艰难的日子，直到1949年10月1日，北京天安门广场升起了鲜艳的五星红旗，中华人民共和国成立了，才宣告结束。

庚伢子的春天是1949年8月到来的，因为这个时候，湖南人民迎来了和平解放。

说到庚伢子的春天，必须说到一个人，这个人叫彭德茂。彭德茂1916年出生，家住简家塘不远，他种过地，打过零工，当过轿夫，为人正派、耿直，是庚伢子父亲的好朋友。庚伢子父母去世后，彭德茂一直对这个苦孩子热心相助，亲如父子。

有一次，庚伢子在返回家的路上，遇到了拉黄包车的彭德茂大叔，正巧车上没有客人。彭大叔把车停在路边，两人亲切地聊了起来。庚伢子聊到了在长沙城里讨饭听到的一些消息，说北方很多地方都解放了，共产党的军队就要打过长江了。他问彭大叔，是不是解放了，坏人就不敢欺压好人了。彭大叔高兴地回答说："是的，是的，庚伢子真聪明啊！”彭大叔压低嗓音对庚伢子说：“穷人翻身解放、当家作主的好日子就要来了。解放军是我们穷人自己的队伍，是人民的子弟兵。”庚伢子急切地问：“大叔，解放军能到我们这里来吗？”彭大叔肯定地对他说：“会来的，会来的！”当时的庚伢子并不知道彭大叔就是一名共产党员，大叔让他坐上黄包车，一口气把他拉到简家塘。临别时告诉他，刚才两个人的聊天内容，不能随便对别人讲。庚伢子点点头说：“我懂！”

庚伢子终于迎来了家乡解放的一天。

因为庚伢子是个孤儿，农会特别照顾他，分给他粮食、衣服及其他生活用品和生产工具等。庚伢子和所有贫苦农民一样，第一次有了属于自己的土地，有了自己的住房。中华人民共和国成立了，他感到自己真正成了生活的主人了。

从此，庚伢子丢掉了讨饭棍，扛起了红缨枪。

彭德茂叔叔当上了安庆乡农民协会的主席，庚伢子和一些比他年龄大些的穷孩子组建了安庆乡儿童团，他当上了儿童团团长。团员从十几个到三十几个。他们经常排着整齐的队伍，协助民兵搞宣传，站岗、放哨，还带头演唱革命歌曲，表演秧歌或其他的小节目。

1950 年，湖南省安庆乡人民政府正式成立了，彭德茂当选为安庆乡人民政府第一任乡长，他连任多年，为雷正兴（庚伢子当时的大名）的健康成长提供了很多帮助，付出了很多心血。

1950 年夏末，湖南省安庆乡人民政府保送雷正兴到龙回塘小学免费念书，乡长彭德茂亲自送他去学校。之后，因为学校的变动，雷正兴又到上车庙小学和向家冲小学接着念书。那时的小学分初小和高小两个部分：“初小”是初级小学，实行一年级到四年级的四年学制，“高小”是高级小学，实行的是两年学制。

对这个来之不易的机会，雷正兴特别珍惜，他上课非常专心，每一堂课都认真听讲，而且对老师讲的英雄故事格外上心，他很早就知道了黄继光、邱少云、刘胡兰这些英雄的名字，熟悉他们的英雄事迹。小学时的作文，他写道：“我要向英雄学习，长大了全心全意为人民服务。”有一次，作文课上，谭礼老师布置了作文的题目《我的家庭》，这对于很多孩子来说，本是一篇寻常的叙述性作文，但雷正兴面对这个题目却百感交集，引发了感情的冲动。他一边写，一边哭，连最后一排的同学都听到了他压抑的哭泣声。他从爸爸的去世写到妈妈的死，字字是血，句句是泪。他真挚地感激党把他从苦海里救了出来……谭礼老师当众读了雷正兴的这篇作文，还拿到全校的大会上当成范文来朗读。全校师生都知道五年级有个雷正兴，作文写得特别棒。更主要的是，雷正兴有一颗感恩的心，擅长用自己的笔来书写自己的心理感受。

1956年3月，荷叶坝完全小学开展向党的生日“七一”献礼的活动。校园里气氛活跃，人人都想用实际行动来庆祝党的生日。雷正兴所在的六年级是学校首届的毕业班，班主任老师领着全班同学积极筹划着庆祝活动。在多个项目中，最突出的项目就是研制矿石收音机。在今天看来，这是一件极简单的手工活儿，可在当时的农村小学生中，懂无线电知识的人并不多，能制作收音机的更少。雷正兴因为爱好多，学校已经安排他负责整个文艺节目排演的工作，但他觉得研究矿石收音机是个新鲜事，有“科技”含量，必须参加，经过申请，才得到了批准。他向亲属筹款，又和这个小组的同学一起步行30多公里，到长沙市科技展览馆参观学习，索取图纸，购买零件。他们回校后，绕线圈，焊零件，装天线，接地线，最后真的制作出一台矿石收音机。

雷正兴读初小时，每科学习成绩都在95分以上，是一位品学兼优的好学生。1954年秋天，他以优异成绩考上了望城县清水塘完全小学五年级，这就是上高小了。现在读大学专科、本科，甚至读硕士生、研究生都是一件很寻常的事，可那个时候，在贫瘠的乡村，考上高小就是特大喜讯了。

清水塘完全小学距离雷正兴寄居的堂叔家很远，他每天要起大早，来回要走15公里路赶到学校，无论刮风还是下雨，雷正兴总是到校最早的学生。若是遇到雨天，他会克服重重困难，因为没有雨衣、雨伞和套鞋，他就披上一件烂衣衫去学校。到了冬天，冰冻路滑，他脚上穿的粗布鞋，连脚趾都露在外面，为了防滑，他用草绳绑在鞋子底下，身上穿的依然是单衣单裤。为了增长知识，他以苦为乐，从来不迟到也不旷课。每次到了教室，他都是先打扫卫生，然后就温习功课。他的学习成绩一直在班里遥遥领先。在这个学校，他是最早戴上红领巾的一批人，成为一名中国少年先锋队队员。

雷正兴在清水塘完全小学读五年级第一学期的时候，学校举行中国少年先锋队入队仪式。这一天，老师和同学都发现雷正兴穿着白衫衣和蓝裤子，精神抖擞地出现在大家面前。这一套“体面衣服”，平时他是不舍得穿的，每次放学回家后，他都从身上脱掉，叠得板板正正的，压在枕头底下，换上一身破旧的衣裳干家务活儿。遇到晴朗的天气，他会把衣服洗净，晾在院子里，在露水未降之前把衣服收好，叠放整齐。

在少先队的入队仪式上，雷正兴代表新队员讲话，他深情地说：“红领巾是红旗的一角。红领巾和红旗，都是烈士的鲜血染红的。我是个孤儿。今天，我光荣地入队了，从此我有了自己的组织，孤儿不再孤单了……”

1955 年上学期，雷正兴转学到离家近的荷叶坝小学，刚一进校门，同学们就向他投来羡慕的目光，因为这座学校还没有建立少年先锋队组织，他脖子上的红领巾是那么耀眼，那么吸引人的眼球。很快，荷叶坝小学也建立了少先队组织。同学们一个个都戴上了红领巾。

我们新中国的儿童
我们新少年的先锋
团结起来继承着我们的父兄
不怕艰难不怕担子重
为了新中国的建设而奋斗
学习伟大的领袖毛泽东
……

雷正兴和同学们一起，在“六一”儿童节这天，打着队旗，唱着当年由郭沫若作词、马思聪作曲的这首《中国少年先锋队队歌》，迎着风雨，步行几十里，去烈士陵园瞻仰烈士。

在学校少先队大队委候选人的选举中，雷正兴全票当选。他主动要求出任旗手，经过辅导员和少先队大队部的集体研究，同意了他的申请，他如愿地成为一名少先队的旗手。后来，学校购置了一套队鼓，雷正兴又如愿地成为“军乐队”的成员之一。他把大鼓上的绸带往肩上一挂，大鼓依偎在他的胸前，他甩开两臂，挥动着大鼓槌，那激越的鼓声有节奏地响起。阳光照在雷正兴那喜悦的脸上，这就是在许多老师和同学们心里，永久留下来的那个阳光少年昂扬向上的形象。

雷正兴平时乐于助人。读三年级时，同学中有一个少先队员张义华，一次下雨天穿着木拖鞋上学，路上的泥团沾到拖鞋板子上，他用力甩，不小心甩到了一位农民的秧田里，把刚播下谷芽不久的秧田打了两个大洞，这本是无意的，却未想到那位农民跑到学校里告了状。中队辅导员兼班主任夏柳老师把张义华批评了。不久，张义华在放学的路上，见到一个一年级的同学手上有一个小皮球很好玩，想跟人家借一下玩会儿，人家不肯借他，他就把那个小皮球打落到刚插上秧的水田里，这个小同学哭啼着去捡球，把一户人家田里的禾苗踩坏了不少。这户农民就到学校来告状。一听又是张义华，老师对此很气愤。大队辅导员和班主任老师合议后，决定召开少先队大队会，宣布停止张义华的队籍，收回他的红领巾，声称什么时候他有了好的表现，再恢复他的队籍。

这样的处分，对于一个三年级的孩子来说，打击是十分沉重的。细心的雷正兴认识到了这一点。他没有疏远张义华，而是接近帮助他。他找到张义华，跟他说明农民种田从插秧到收获付出的辛苦，只有农民种田，大家才有饭吃。放学后，他约上张义华，到受到损害的农田里扶苗补苗。这些事做完后，他又带着张义华，到农民家去作检讨，请农家伯伯到田里去看扶补的苗合格不合格，如果弄得不好，可以重新扶补。第二天，这位农民就到学校找校领导，赞扬了这件事，还说："小孩子做错了事，能够改正，就是进步。"建议学校表扬这两位学生。

几天后，雷正兴又约上张义华到另外一家农民田里给水稻除草，干了整整一天。农户很感动，把这件事报告给前来检查工作的彭德茂乡长。彭乡长建议学校对这两位小学生进行表扬。

就这样，被停止队籍 20 多天的张义华，在雷正兴的帮助下，重新戴上了红领巾。

彭德茂大叔仍然无微不至地关心着雷正兴，给他买新棉衣、棉裤。过新年时，请他吃饭。还把从地主家分得的一件小呢子外套送给他穿，把儿子的一双新棉鞋送给了雷正兴。每到开学，德茂大叔还给他买铅笔、作业本等一些学习文具。

雷正兴是个勤快的孩子，每个星期天和节假日，或是每天放学回来，他都自觉地做各种自己能做的家务劳动。他在堂叔家里住，像砍柴、剜猪菜、挑水、挖土、播种、锄草、插秧、施肥、割禾、晒谷等家里家外的活计，他都抢着干。

雷正兴不仅读书很用功，从小也养成了做好事的习惯。在读小学的时候，每天一大早，他就来到学校里，打扫教室，把桌椅、黑板擦得干干净净，然后才坐下来读书或写字。无论刮风、下雨，他从不迟到、不旷课。

荷叶坝完全小学东边有一条流向东南的小河，这是湘江支流梅溪河的上游，河上有一座小石桥，同学们上学都要从这座桥上经过。遇到刮风下雨，河水猛涨，低年级的小同学就害怕，不敢从桥上过。老师要到桥边去接，放学还要送过小桥。雷正兴很热心地组织年龄稍大些的同学，在风雨袭来时，帮助小同学安全过桥，有时他还一个一个背着过桥。有一次，猛涨的雨水与河水把石桥桥面淹没了，许多同学不想过桥上学，想回家了。雷正兴借了一位同学的雨伞，用雨伞尖试探水深，他发现水不深，能蹚得过去，就这样，他让大家拉着手，侧着身子，步子迈得小一点，一个挨一个安全顺利过了桥。大家都没有误课。

有一次，雷正兴和刘中柱两个同学迟到了15分钟，老师觉得不可理解，雷正兴从来没有过迟到的记录啊！老师问他们俩为什么迟到。他们俩当时没有做出任何解释。老师也没有多问，就当着同学们的面把他俩批评了一番，并让他们到办公室去“反省”。下课之后，老师来到办公室，对他们说：“今天怎么迟到了，说说吧！”这时他们俩才一五一十说了帮年龄小的孩子过桥来上学的实情。并向老师保证，一起走的同学可以作证。老师说：“哎呀，你们为什么不早说啊？”接下来又上课的时候，老师当众把他们俩表扬了一番。这就是一段由批评变表扬的故事。

雷正兴怀着感恩的心情，像别人帮助他一样帮助别人。

有的同学生了病，雷正兴会联络一些少先队员到生病的同学家中探望。

村里有一位双目失明的没儿没女的孤寡老人陈五爷，有一次在山坡上摸索着砍柴，突然脚踩空了，摔倒在地，雷正兴急忙上前扶起老人，后来他经常利用课余时间去帮助陈五爷砍柴、挑水，陪老人聊天。

一个人，如果他从小就在心里埋下行善的种子，从小就乐于温暖别人，那么他做的好事会越来越多，他会成长为一个正直、善良和有爱心的人，他会在生命的旅途上闪现出人性最美的光辉。

第三章

小“公务员”

人的生命是有限的，可是，为人民服务是无限的，我要把有限的生命，投入到无限的为人民服务之中去。

每个人在漫长的人生路上，都会面临多次选择，这种选择也许没有决定意义的对错，因为选择之后的行走才更为重要，更为关键。

雷正兴高小毕业就遇到了一次何去何从的选择。

依照雷正兴的表现和学习成绩，他小学毕业后，升初中继续读书是毫无问题的。他本人也曾想报考望城第一中学，有人回忆说，他参加了中考，也考上了，最后没有去读。望城一中距离简家塘有25公里之遥，每天早上从家走到学校，晚上再从学校走回家，这种走读方式显然是不现实的。如果读这个初中，就只能吃住在学校，这需要一笔不小的费用。雷正兴的多个亲戚都实在没有这个能力资助他，乡政府和农业社也承担不起这笔开支。彭德茂大叔曾极力帮他实现继续读书的愿望，但也是爱莫能助。

不能继续读书，可以直接参加农业生产劳动。对于雷正兴来说，这也是一条可行的路。当时的农村极需要有文化的青年。在安庆乡有五个生产队，只有一个人能够读报纸，在农村找一个会计、记分员都十分困难。

在湖南省望城县，当时有一位典型人物，她高小毕业，参加农业生产，做出了突出成绩。她就是与雷锋结识，一直保持联系的“冯健姐姐”。

冯健比雷正兴大 3 岁，1953 年 7 月从长沙市城东二校高小毕业。她积极响应党和政府的号召，回到家乡望城县大湖乡西塘村参加农业生产。她参与了组建互助组的初级、高级农业生产合作社。1954 年被群众选为西塘高级农业社第二社长，兼大湖乡信用合作社的会计。在生产劳动中，她的才智得到发挥，能力得到锻炼，受到了领导和群众的广泛赞誉。1955 年 9 月，冯健出席了在北京召开的全国青年社会主义建设积极分子大会，并在大会上做了典型发言，见到了伟大领袖毛主席。1956 年春天，望城县委号召大力发展养猪产业，冯健毅然决然辞去了农业社的领导职务，志愿到社办的养猪场当一名饲养员，这件事产生了很大的轰动，报纸、电台连续报道，在望城几乎无人不知、无人不晓。

“向冯健姐姐学习”，成了当时很多高小毕业生表达自己为农业生产献出自己所学文化知识的响亮口号，当然这也成为雷正兴内心的一个向往，他把冯健姐姐当成了身边最近的学习榜样。

在高小毕业典礼上，本来没有安排在会上发言的雷正兴，自己健步上台做了一番即席发言：

亲爱的老师、同学们：

我们小学毕业了，大家很高兴，感谢党、毛主席和老师们。我们今天很高兴，大家比我更高兴，能升入高一级学校，学习更多的知识，更好地建设祖国。我积极响应党的号召，去当新式农民，我一定做个好农民，驾起拖拉机耕耘祖国大地；将来做个好工人，建设祖国；将来做个好战士，拿起枪用生命和鲜血保卫祖国，做一名英雄。

同学们，让我们在不同岗位上竞赛吧！

老师们，看我的行动吧！

祝老师们健康……

雷正兴的这番话是由衷的。后来的道路完全验证了他 16 岁时的梦想和誓言。

毕业回家后，雷正兴很快就被他所在的简家塘生产队选为记工员。没过多长时间，安庆乡领导开会研究决定，让雷正兴担任生产队记工员的同时担任乡政府的通讯员，主要工作就是送信、传话、接待客人、烧开水、打扫卫生，甚至下村下社队调查了解情况，参加征收公粮工作。这个差事，实际上是彭德茂特意交给他的，就是想培养和锻炼他。经过一段时间的实践，彭德茂和乡里的领导都认为雷正兴是个有出息的好后生。

没有多久，雷正兴就从乡里到县里工作了。

1956 年秋，望城县委的通讯员小陈参军走了，急需一个合适的年轻人顶替小陈的工作。县委书记张兴玉亲自托付县委组织部的干事黄菊芳等人，要他们帮助物色。一次，黄菊芳为征兵工作到安庆乡考察，她接触到雷正兴等几个年轻人。她对雷正兴印象很好，很有好感。雷正兴圆圆的脸，一说话先微笑，机灵又幽默。当黄菊芳把县委张兴玉书记让她物色一个身边通讯员的想法，以及她对雷正兴的好印象说给彭德茂乡长时，彭乡长心里也有了底。彭乡长夸黄菊芳看人看得准，选人选得对，雷正兴确实是一个好苗子，可爱又可靠。另外，他还没有任何拖累，家里只剩下他一个人了，说离开立即就能走。

1956 年 11 月 17 日，雷正兴在彭德茂引领下，拎着简单的行李，在崎岖山路上步行 25 公里，来到望城县委的院子。雷正兴到这儿给张兴玉书记当“公务员”来了。

雷正兴这个“公务员”，不同于我们通常所说的“国家公务员”。国家公务员，负责统筹管理经济社会秩序和国家公共资源，维护国家法律规定贯彻执行的公职人员，是指依法履行公职、纳入国家行政编制、由国家财政负担工资福利的工作人员。雷正兴这个“公务员”，是县委机关里一个通讯员。

雷正兴到任后，县委秘书给他交代的工作是这样的：“你的主要工作是照顾好张书记平时的起居，送个信，发个通知，取个报纸，领个墨水什么的。张书记不在时接个电话，还有安全保卫工作。张书记下乡你要不离他左右地跟着，张书记是山西人，胃不大好，怕吃凉的，喜欢面食。干起工作常常废寝忘食，这时你要提醒他，必要时要敢采取点强硬的办法让他休息。”雷正兴领了一个交通工具——自行车。秘书还告诉他，张书记家里有什么事你也帮助照料一下，在保障张书记的前提下，机关里有人忙不过来，找你办什么事，你能办的也可以帮助办理一下。

秘书从抽屉里找了一个白牌交给雷正兴：“这个，你戴上，这是机关的出入证。”雷正兴拿到手里，放在左手掌上，用右手的两个指头轻轻地抚摸着。白牌上六个楷体红字：“中共望城县委”。雷正兴兴奋地说：“我喜欢这个牌牌，在我心目中，它不仅是一个出入证，也是身份的证明。”成为县委的一名“公务员”，雷正兴既自豪又满怀感激。他每天都带着微笑，手脚勤快地做着自己的工作，觉得周身有使不完的劲。

在敞亮的机关各办公室的廊道里，雷正兴乐呵呵地敲开一个办公室的门，说：“请把水壶给我，我给您打水！”开门的是一位机关干部，客气地说：“谢谢小同志，我已经打过了。”雷正兴又乐呵呵地敲开另一个办公室的门：“请把水壶给我，我给打水！”开门的是一位比他看上去大不了几岁的年轻干部：“我们打水有值班的。”这位年轻干部正欲关门，雷正兴推了一把门，诚恳地说：“我是公务员，张书记那儿又没多少活儿，我帮着打打水，你们多干点工作不好吗？”年轻干部感动地说：“好的。”转回身把水壶递给雷正兴。雷正兴高兴地拎着水壶离开。年轻干部夸赞说：“这小家伙真勤快啊！”雷正兴心里想：“不比我大多少，管我叫‘小家伙’，嘿！说不定你也是小家伙呢！”想到这儿，他忍不住笑了。

雷正兴兴冲冲地拎着两三个水壶在廊道里走着，恰在这时，有人往外泼涮杯子的茶根儿，全泼在了小雷身上。雷正兴一惊，往窗子里一瞧，是个女干部。这位女干部“呀”了一声，急忙从屋里跑出来，用小手绢擦着雷正兴身上的茶水：“哎呀，对不起，对不起！烫着了吗？”

雷正兴笑着说：“没关系，没关系！没有烫着。”

女干部心疼地察看着小雷的脸和脖子，还有赤裸的手臂。雷正兴说：“没事儿，真的没事儿。我说没事儿就没事儿！”

机关走廊里，雷正兴一个个地敲着办公室的门，机关干部都赞赏地看着他。

机关楼外的开水房里，两个粗大的水龙头被拧开，两个被摘掉壶塞儿的竹皮暖水壶在接水，水龙头与壶嘴儿相接的部位热气腾腾。在两个水壶旁，还有六七个被摘掉壶塞儿的竹皮水壶。

机关正楼的楼梯上，雷正兴那一双带补丁的鞋在急速地一阶阶攀登，弄不清他两只手怎么能拎八九个水壶。水壶相撞，时而溢出些热水，热水泼湿了雷正兴的裤脚。他一个个敲门，把水壶递进去。人们都说着感激的话。雷正兴连忙说：“应该的！应该的！”他那张稚气的笑脸上，大汗淋漓，他快乐地哼着湖南花鼓戏《刘海砍樵》的调调。有干部从窗子伸出脑袋，厉声责怪地喊：“办公时间，唱什么唱？！”雷正兴兴奋的脸突然惊呆了。他一吐舌头，孩子似的偷偷一笑，兴冲冲的脚步立即变得轻抬、轻落了。

傍晚，在张兴玉书记家两室一厅俭朴的小平房里，从供销社回来的雷正兴，把书包交给张书记的老伴郑婶。这是郑婶委托雷正兴到供销社给女儿杏芳买的书包。雷正兴同时把七元五角二分钱还给郑婶："郑婶，这是买书包找回的钱。"郑婶问："我给你五块钱，怎么买了个书包，不但没花钱，还倒找回两元多钱呢？"雷正兴说："我也以为是一张五元票呢！其实是两张嘎嘎新的五元票，叠在一起像一张似的。你当一个五元钱给了我，我也当一个五元钱给了营业员。是人家营业员细心，捻出两张票。一个书包不到三元钱，应该找回七元多呢。"郑婶乐得直点头："好，你这个小雷呀！"随后，把书包递给了女儿杏芳。

雷正兴就是这么一个诚实的人。郑婶就是从这样一件小事上，确认了他的可靠和可爱。

八九岁的杏芳正对着镜子戴红领巾，怎么也系不好，在那儿喊："哎呀，我怎么这么笨！小雷叔叔，快来帮帮我！"雷正兴走过去，从杏芳手里接过红领巾，先对着镜子在自己的脖子上系了一次，又摘下来手把手耐心地教她系红领巾。杏芳在雷正兴的帮助下，很快可以自己系红领巾了。她系好了红领巾，对着镜子照了又照，然后转向雷正兴，把手举过头顶，行了个队礼："谢谢小雷叔叔！"

有一次，雷正兴跟张兴玉书记下乡，走在望城的城郊。纯净的蓝天上白云朵朵，树荫里，小鸟鸣叫着好听的声音："啾啾，啾啾"。张兴玉放松身心大步在前面走，雷正兴小跑在后面跟着。不一会儿，他又蹦蹦跳跳地跑到了前面。雷正兴不经意地往脚下看，一枚不算小的螺丝钉在土路上躺着。他抬起脚，用球鞋尖狠狠地踢了一脚。

螺丝钉和尘土一齐飞起，落在不远的草丛里。

张兴玉看见了这细小的动作，不动声色地走向螺丝钉落下的地方，从草丛里捡起那枚螺丝钉。雷正兴看着被他一脚踢飞的那枚螺丝钉正在张兴玉手上，先是用嘴吹吹，又用手擦擦。张兴玉语重心长地对雷正兴说：“这一颗螺丝钉不值几个钱。可是小雷呀，咱们国家大，家底薄，就是一颗螺丝钉也不能随便踢飞。螺丝钉虽小，可是在一盘大机器上，也是少不了的啊！”雷正兴认真地听着，牢记在心。心里不自觉地重复着张兴玉的话：“螺丝钉虽小，可是在一盘大机器上，也是少不了的啊！”

第四章

敬慕英模

人的生命是有限的，可是，为人民服务是无限的，我要把有限的生命，投入到无限的为人民服务之中去。

有一天，县委书记张兴玉在一张木桌上，熟练地擦着枪。那个年代的干部，很多都是经历过战争的，他们能熟练地掌握手上的武器。雷正兴饶有兴趣地屏住呼吸瞪大双眼站在一旁观看，时不时要伸手。张兴玉不让他动，笑着说："将来有你摆弄的时候。"这时有人"砰砰"敲门，杏芳跑去开门，进来一位穿着朴素，健康、俊美的年轻姑娘。杏芳回头喊着："爹，我冯姐来了！"张兴玉放下手中枪的零件，用抹布擦擦手："快请进！"他把被杏芳唤做"冯姐"的人让到客厅里坐下。

来访的这位姑娘发现在桌旁站着的陌生的雷正兴，便问张兴玉："家里来客人啦？"张兴玉说："不是客人，是机关新来的公务员，通讯员小雷。"雷正兴抢答道："我叫雷正兴，也是张书记的警卫员。"他把"警卫员"三个字说得特别重，感觉很有自豪感。在他看来，警卫员是可以配枪的，警卫员就有当兵的感觉。张兴玉笑着说："和平时期配警卫员，我可不够级别呀！"冯健俏皮地对雷正兴说：“你不简单啊，‘三员’兼一身啊！”雷正兴转向张兴玉打听着：“这位姐姐是……”张兴玉介绍说：“你这位姐姐可不一般，她就是你早就听说过的冯健姐姐。她也是‘三员’呀：当过少先队员、共青团员，现在是共产党员，全省有名的‘养猪妹子’，全国劳动模范，见过毛主席呢！”冯健抢过话头：“张书记，你别替我吹了，要说模范，你是全国农业劳动模范，早就见过毛主席！”雷正兴羡慕地说：“呀，太了不起了，都见过毛主席啊！”冯健自豪地说：“张书记老家还出过刘胡兰烈士呢！”雷正兴更是惊讶：“真的？”张兴玉说：“是啊，有志不在年高。我老家那个刘胡兰，在敌人铡刀铡脖子的时刻脸不变色心不跳，真是好样的！她是15岁的小共产党员。毛主席专门为她题词：‘生的伟大，死的光荣’。还有一个吴运铎，身残志不残，轻伤不下火线，重伤不哭，是咱们部队造枪炮的专家呢。小冯、小雷，今天你们俩都在这儿，我在省里开会，特意给你们带了吴运铎的书，一人一本啊。”张兴玉从他的公文包里拿出两本书，分别递到两位年轻人的手上。雷正兴激动地抚摸着书的封面，轻轻念出书名：“《把一切献给党》……”随后，陷入深思中。冯健也欣喜地翻着手里的这本新书。

毛泽东主席是中华人民共和国的开国领袖，是中国共产党创始人之一，是那个年代中国人民尊崇的对象。在那个年代，见到毛主席，是一个人无上的光荣，也是一种理想的追求。

张兴玉关切地问冯健：“你们西塘那个五保户陈老爹最近还好吗？”冯健回答：“你让我给他捎去的那罐咸菜，我给送去了。他最近身体好些了，但生活还是很困难。”张兴玉说：“像陈老爹这样的贫困户还是有一些的。哎，冯健，你这次来县里，有什么事情吗？”

冯健陡然陷入焦急中，有些激动地对张兴玉说：“张书记，这个事儿无论如何你得帮我！”张兴玉问：“遇到什么麻烦事了吗？”冯健说：“你知道的，我一向喜爱养猪，可这次农业社选举，硬是把我选上了生产队长。无论我怎么说，也摆脱不掉。当然，这是西塘父老乡亲对我的信赖，可我的长处是养猪啊！对养猪我有好多新的想法，这些想法还没变成现实呢！我特别着急，最让我为难的是连我的父母都认为既然选上了生产队长，就别养猪了。他们说：一个女孩子，养猪养到什么时候是头啊？张书记，我们望城县在全省出名，甚至在全国都有点名气，很重要的一点就是养猪事业发达。您在领导全县人民养猪事业上，也是立了大功的。您看，我饲养的一窝小猪崽儿才生下来几天，让我离开猪场，交给别人喂，我也不放心啊！”冯健说到激动处，眼圈儿都红了。

雷正兴带着不解的神情端详着新结识的冯健姐，似乎也有些想不明白。张兴玉呵呵地笑着说：“就这个事儿啊？好说，好说，我要你一句实话，真的不想当生产队长这个‘官儿’？”冯健撅嘴赌气地回答说：“要当官儿，我当定养猪的‘官儿’了，猪倌儿啊！”张兴玉说：“小冯，你是有志气的好妹子，我支持你！”冯健破涕为笑，站起身来给张兴玉行个礼：“谢谢张书记的支持！”说完就要告辞。张兴玉问：“你这么着急回去？”冯健解释道：“还有那一群小玩意儿等着我去喂呢！”说完，拿起张兴玉给她的那本新书，转头对雷正兴说：“小雷弟弟，再见了，有空儿到我那儿去玩。”张兴玉吩咐着：“小雷，送送你冯健姐姐！”雷正兴高兴地拿起那本新书，和冯健一起走出张兴玉的家门。

晚霞如火，山野如画。冯健和雷正兴并肩走在两行树木夹着的乡间小路上，他们边走边聊。聊到了各自的身世和现在的状况。

恰在此时，在他们前面，有一台湖南农村常见的那种独轮车，走起来吱吱呀呀的，声音很好听，车上因砖坯装得太满，上坡时很吃力，越推越慢，几乎要从坡上退下来了，推车的老农使尽全身的力气在顶着车轮。雷正兴见状，几个箭步跑上前去，帮助老农推车。冯健也快步赶上去，在老农的另一侧，使劲地帮助推车。独轮车终于上了坡。老农喘了口气，用毛巾擦着脸上的汗，向雷正兴和冯健道谢。冯健把自己的手绢递给雷正兴。雷正兴没有接冯健的手绢，只用袖子擦了擦脸上的汗，对老农说：“不谢，不谢！”

冯健站在坡上，望着远方。雷正兴问：“健姐，你养猪那么忙，有时间看书吗？”冯健：“没有整块时间，但每天可以挤出点时间看看书的。”雷正兴饶有兴趣地接着问道：“现在正看什么书呢？”冯健说：“一本《卓娅与舒拉的故事》。”雷正兴问：“好看吗？”冯健说：“挺感人的。苏联女英雄卓娅在德国法西斯的残酷屠杀和疯狂进攻面前，表现了大无畏的英雄气概，献出了年轻的生命。卓娅也叫丹娘。”雷正兴高兴地喊起来，他兴奋地说：“我看过一本丹娘的故事，小薄本儿。你这本书一定借给我看看，冯姐，冯姐，好冯姐！”冯健被小雷弟弟的热情感染了，她满口答应：“我看完就借给你看。”

下坡时，雷正兴走在前面，冯健走在后面。风儿掀动着他们的衣摆。

坡上坡下，野花灿烂。路右侧零零散散有几间房屋。风摇动着竹竿。一间房屋前，搭起的竹竿晾着衣服，有一件衣服被风吹落到地上。雷正兴快步走上前，把衣服捡起来，抖了两抖，熟练地用竹竿穿进衣服袖子，重新给搭上。屋子里走出女主人，看见了这一幕，十分感激地说："谢谢这伢子，心眼好啊！"雷正兴微笑着说："不谢，不谢！"冯健赞许地望着小雷的一举一动。

雷正兴和冯健又并肩地往前走着、说着，似乎有一见如故之感。

雷正兴意识到走在自己身边的健姐，是一位到北京参加过表彰大会，见过毛主席的人物，心里充满了崇敬和爱戴。雷正兴想：我不可能见到董存瑞、黄继光，不可能见到刘胡兰、赵一曼，但我今天见到了健姐，见到了人人都敬佩和喜爱的"养猪姑娘"冯健，这也是我三生有幸啊！

雷锋的成长，雷锋精神的形成，是与冯健的相识和交往分不开的。

在前面田野里，有一片鲜艳的红花草，在风的吹拂下异常美丽。雷正兴跑上前去，采撷了一大把鲜花，郑重地送给冯健。冯健接过花来，闻了闻，嗔怪地说："你从哪儿学来送花的洋礼节？"雷正兴毫不掩饰地说："从苏联电影上学来的。"冯健问："你知道这是什么花吗？"雷正兴："叫红花草啊！"冯健又问："学名呢？"雷正兴看着冯健怀里的红花草，摇了摇头。冯健耐心地向雷正兴介绍说："记住，它的学名叫'紫云英'，'红花草'是它的俗名。这种花，既是花又是草，用途很大。它是长江流域以南水稻区的主要绿肥作物，又是蜜蜂的蜜源作物，实用价值很高，欣赏价值也不低，它能为农业生产做出贡献，又能把田野打扮得格外美丽。你看，有多少蜜蜂和蝴蝶都被它吸引来了！”此刻，正有数不清的蜜蜂和蝴蝶在红花草上面飞旋、停落。

冯健接着说：“你尝过吗？用红花草酿成的蜜是最甜的。把它翻进泥土里是上好的绿肥。它的青稞可做饲料喂养牲畜。这红花草，对人要求不多，只需要日光、泥土和雨水……”

雷正兴被冯健姐姐充满诗意的一番话深深感染了，也为冯健的渊博知识所打动。他情不自禁地发出感慨：“我们做人也要像这红花草一样……”

在过河的渡口，夕阳的余晖洒在河面上，幽暗中似乎有火苗在蹿动。这是沩水河一条支流的渡口之处。两岸的大树上拴着长长的棕绳，低低地横跨河水。一条小木船横在那里，无人驾驶，全靠摆渡人自行掌握。要过河的人自己上船拽绳过河。雷正兴把冯健送到了这渡口边上。

冯健嘱咐着：“小雷弟弟，回去吧！”

雷正兴执拗地说：“不，我要把你送到对岸。”

冯健说：“你若把我送到对岸，我还得把你送回来。”

雷正兴说：“我才不用你送呢！我是男的，你是女的，男的怎么也比女的胆子大些！”

冯健说：“你可不要搞大男子主义啊！我是姐姐，你是弟弟，弟弟要听姐姐的话。”

雷正兴说：“弟弟有义务送姐姐过河。”

冯健服从了：“我犟不过你。”

两人上了渡口小船。河中，悠悠的河水流淌着。雷正兴和冯健两个人一起拽着绳子，船行得很快。冯健充满疼爱地说：“小雷弟弟，你没爹没妈，自己要好好照料自己。有什么洗洗涮涮的事就找我，你得认我这个姐姐啊！”雷正兴说：“有你这个姐姐，我就不孤单了。放心吧，好姐姐，我会好生照料自己的。”

他们的双手不停地在棕绳上倒着把。小船船头冲破宁静的河面，顺利地前进。

雷正兴问：“健姐，我也想不通，你为什么非要不当生产队长去养猪呢？”

冯健望着前面岸的远处，说：“小雷弟弟，你是不是从心里看不起养猪的？”

雷正兴说：“说实话，不是。我觉得生产队长自然比饲养员对人民贡献更大些。”

冯健说：“那可因人而异。我养猪是出了名的。我真的深爱这养猪事业。一进我的养猪场，我就特兴奋，我离不开那些猪。我会把钟爱的养猪事业搞得越来越红火。我周边有一群人在跟着我学养猪，我也带上他们。在我这儿，养猪比当队长对人民贡献会更大一些。张书记已经表示支持我，我希望小雷弟弟也能支持我！”

雷正兴听懂了冯健的心声，也为之感动，他深挚地说：“我支持你！”姐弟俩的双手更加配合地在棕绳上倒着把，船飞也似地向前驶去。

语言的交流，心灵的沟通，雷正兴更加钦佩和敬仰冯健了。一个人的人生价值不在于他的职务高低，而是看他能不能脚踏实地做一些对人民有益的事情。冯健对于工作正确的判断和选择，给雷正兴留下深刻的印象和记忆。

对岸，冯健在招手。河面上，一只小船往回返行。雷正兴一边拽着棕绳，一边用腾出的手向岸上摇摆着。冯健一直站在岸上关怀地张望，不时招招手。渐行渐远的小船那边，有一只手臂高高地挥动着……

天色已经完全暗下来了，唯有西边落日的方向，有一点闪烁的强烈的红光。

冯健后来成为一名农艺家，曾做过湖南省工会的副主席。冯健是雷正兴成长路上遇到的一位思想先进、品德高尚、业务精通、学习刻苦的好榜样。雷正兴是个孤儿，冯健就像他的亲姐姐一般。这个先进人物在思想和感情上对他的影响和带动是很大的。一个正在成长中的年轻人，接触什么人，是十分关键的，正所谓“挨金是金，挨玉是玉”。

第五章

拖拉机手

人的生命是有限的，可是，为人民服务是无限的，我要把有限的生命，投入到无限的为人民服务之中去。

雷正兴是望城县第一个拖拉机手，为此，他还写了一篇文章《我学会开拖拉机了》，发表在1958年3月16日的《望城报》上。

在这之前，雷正兴参加了县里根治沩水河的战斗，在治沩工程总指挥部做些琐碎的工作，他工作细心，不厌其烦，把每件小事都做得圆圆满满。在战斗中，表现十分英勇，受到了大家的称赞和表彰。

沩水河南有一湖，因东南岸有一个名叫团山的小山头，因而得名团山湖。1958年2月21日，望城县团山湖农场成立，调集了下放干部和各社群众450多人，在那里垦滩、种稻、种甘蔗、种蔬菜。雷正兴本不属于下放对象，但他本人一再申请，坚决到最艰苦的地方去，要为团山湖农场的建设贡献自己的力量。开始张兴玉书记不放他走，架不住他一而再的要求，最后得到了批准，雷正兴如愿放弃了县委机关优越的生活和工作条件，到农场去艰苦创业。

为加快团山湖农场的垦殖进度，县委决定筹建农场拖拉机站。

建立拖拉机站，就得有拖拉机；农场自己没有拖拉机，要买拖拉机，但没有资金。1958 年 1 月 21 日，《望城报》刊登了望城县团委的倡议，号召全县团员和青少年踊跃捐款，建立望城青少年拖拉机站。

这是一个阳光灿烂的早晨，在县委机关大院的一面墙上，贴着一张大红纸："机关青年建设拖拉机站捐款名单"。不少人在围观。红纸上书写着密密麻麻的名字，第一名就是"雷正兴"，他名下是捐款钱数：20 元人民币。

雷正兴名字后面，有捐五元的，有捐三元的，还有捐五角钱的。雷正兴也在围观的人群中。

人们在议论着："这个小雷怎么能捐这么多？差不多一个月的工资吧？"

"他呀，犯傻呗！"

"这可不是犯傻，这是觉悟高啊！"

"再觉悟，也不能拿出这么多钱呀！"

"我可不舍得啊！"

一个老同学扯住雷正兴的衣襟，把他叫出来，问他："你怎么能一下子拿出这么多钱？"

雷正兴说："这是我原来准备买被子的钱。"

老同学问："那你的被子不买了？"

雷正兴说："还是县里买拖拉机的事更重要。我的被子缝缝补补还能盖。"

这天，艳阳高照、晴空如洗。农场场部前的马厩里有三匹好看的马：一匹是白色的，一匹是枣红色的，还有一匹是黑色的。三匹马马头高昂，周身是油光光的皮毛，特别令人喜爱。

一位老倌子喂过马，提桶去打水，刚刚离开。

雷正兴骑单车从这里经过，不由得从车上下来，把自行车停靠在马厩的栏杆上。他想骑马送信去，趁老倌子不在，从马厩里的三匹马中牵出一匹矮小的枣红马，骑了上去。

老倌子拎着水桶回来，看见了，大喊："这是谁家伢子，混账的东西，快给我下来！"

雷正兴怕被老倌子逮着，抽了这匹枣红马一鞭子。马猛地向前奔去。雷正兴不熟悉骑马术，思想没有准备，马没设鞍子，马背很滑，他一下子就从马背上摔了下来，枣红马猛跑几步，见骑它的人被甩了下去，便独自向前悠闲地踏步，那神态很令人气愤。

雷正兴摔得不能动弹，呻吟着爬不起来。老倌子去揽马缰绳，过来问小伙子摔着哪儿了。雷正兴从地上爬起来，拍拍身上的土："没事儿！"

在农场的场部办公室里，雷正兴听到外面的锣鼓声和人们的欢呼声，就伸头向外看了看，兴奋地说："咱们的拖拉机来了！"没等别人反应过来，雷正兴已经先跑了出去。

农场大道上，人们在欢迎全县买来的第一台拖拉机。锣鼓声撼动人心。一台东方红牌拖拉机披红挂绿，"突突突"地向农场开过来。拖拉机履带滚动着，后面扬起一阵阵烟尘。驾驶拖拉机的是省农学院派来的一位师傅。雷正兴一下子跳上拖拉机，站在师傅身边，看师傅开，自己也用手比划跟着学。

拖拉机隆隆地开过去了，人群跟随着拖拉机向前欢呼着涌动。

在农场场部，雷正兴不敢相信自己的耳朵，再三问：“我？让我当全县第一个拖拉机手？”

张兴玉说：“对，就是你！场部研究决定的。”

雷正兴高兴地说：“真的吗？太好了！”

雷正兴问：“那我这个通信员，还当吗？”

张兴玉说：“你该飞了，不能老把你绑在我身边。你要抓紧时间好好学习，祝你尽快能胜任这一新的工作！”雷正兴高兴地蹦了起来：“要得！”

在马厩旁，老倌子正在给马喂草料，雷正兴从师傅手里接过一本“东方红拖拉机说明书”从这儿走过。老倌子和雷正兴打招呼：“喂，伢子！不张罗学骑马了？”

雷正兴诡谲地笑笑：“‘铁牛’来了，没空儿骑马了！”

深夜，雷正兴在宿舍，灯下认真地翻看拖拉机说明书，边看边在小本子上画着什么。雷正兴终于实现了“驾驶拖拉机，耕耘祖国大地”的梦想，为了尽早学会驾驶拖拉机，他每天都看有关拖拉机基本知识和操作方法的书，把拖拉机的说明书看了一遍又一遍，并对照着说明书，把拖拉机的传动装置、操纵机构、燃油系统等构造原理和工作原理，弄得一清二楚。

每天清晨，雷正兴就来到拖拉机旁，检查燃油箱和油管是否漏油。每次灌满油后，就仔细地擦拭拖拉机上的油污、泥土和灰尘，做好行驶前的准备。

当火红的太阳升起在地平线上，雷正兴已经和师傅一齐出发啦。驾驶台上，师傅把握着方向盘的操纵杆；雷正兴站在师傅身边，聚精会神地观察着。雷正兴认真地听师傅讲解，同时模仿师傅的动作，把学到的知识牢记在心里。

夕阳西下，拖拉机拖着落日在轰响着前进；驾驶台上，雷正兴紧张地把握着方向盘和操纵杆。师傅站在他身边为他保驾，时而用手帮他一下。

晚上，在农场食堂的饭桌上，几个伙伴一起就餐。雷正兴看着眼前的饭钵子，手拿筷子当操纵杆，脚踩“油门”，不小心踩了别人的脚。那人大声尖叫：“哎哟！”

一青年说：“小雷呀小雷，你怎么把拖拉机开到饭堂里来了？”雷正兴挠着他的“刘海儿”，众人哄笑。

中午，机耕道上，雷正兴一个人坐在驾驶台上操纵着拖拉机。拖拉机翻起湖沼地肥沃的泥土，如潮浪滚滚。

深夜，宿舍里，刚刚学会开拖拉机的雷正兴兴奋地难以入睡，他翻身爬起来，打着灯，把红格稿纸铺在桌子上，激动地写下一篇文章的标题：“我学会开拖拉机了！”这文章正文之前，雷正兴写道：“一个新的国营农场在荒洲上建起来了。还有‘铁牛’在荒地上奔驰着。这里有300多名勤劳勇敢的农场工人在歌唱今天的幸福，歌唱劳动的愉快，歌唱美好的未来。”他在正文的开头写道：“3月10日，是我永远不能忘记的日子！这天，我第一次学会了开拖拉机，心情是何等激动啊！”接着他讲述了自己的贫苦出身，讲到了中国共产党的恩情，讲了自己学习开拖拉机的过程，讲了这件事的意义。最后，他表示：“我一定要以实际行动，来报答党对我的亲切关怀和照顾；一定努力钻研，勤学苦练，克服一切困难，忘我地工作，争取做望城的第一个优秀的拖拉机手。”

夜晚，在农场的空地上，篝火在熊熊地燃烧，恰似年轻人热烈活泼的心。青年们尽情地唱歌跳舞。雷正兴仰头张望许久，时而俯下身子激情地往小本子上写着什么。

篝火在旺旺地燃烧着，青春的歌声在荡漾。

年轻人集体跳的舞姿是那么轻盈而欢快。雷正兴在本子上继续写着。

有人发现了，并喊了起来：“小雷作诗了！小雷作诗了！让他朗诵一下好不好？”

众人起哄：“好！来一个！来一个！”

两个青年把雷正兴架到空地中间的篝火旁，篝火映照着雷正兴可爱的脸庞。雷正兴激情地朗诵了自己的新作《南来的燕子》：

南来的燕子，新来的候鸟，
从北方飞到了南方，
轻盈地掠过团山湖的上空，
闪过惊异的目光。
我分明听清了那呢喃的燕语，

像在问："为什么荒芜的团山湖，
今年改变了模样？"

雷正兴朗诵停歇的片刻，青年们都拍手叫好。雷正兴继续朗诵着：

南来的燕子啊，让我告诉你吧！
团山湖这片未开垦的沼泽地，
是我们的双手、心血和汗水，
让它滚动起一片片金黄的稻浪，
祖国又增添了一个"鱼米之乡"！

雷正兴朗诵完自己的新作，他本人已深深地沉浸在诗意之中。雷正兴尽管文化程度不高，却有写作的天赋，他时常把自己生活的经历和感悟，写成诗文，有的还写成了小说，记录美好的人生，鼓舞更多的年轻伙伴投身到火热的时代斗争之中。

人们被他的激情所感染，半晌没反应过来。沉寂了几十秒之后，会场爆发出热烈的掌声。

人们站起来，把雷正兴围起来，赞扬、祝贺、鼓励、欢声笑语响成一片。篝火燃烧着，发出"噼噼啪啪"动人的声响。青春的热情，建设者的豪迈，弥漫了整个田野和天空！

第六章

奔向鞍钢

人的生命是有限的，可是，为人民服务是无限的，我要把有限的生命，投入到无限的为人民服务之中去。

为了适应祖国社会主义建设发展的需要，鞍钢于 1958 年秋天派出人员到湖南招收工人。他们到了湘潭县、长沙区、望城区几个地方开展工作。工作进展得很不错，大多数农村青年都愿意到工业战线去施展身手，只是听说东北奇冷，能冻掉下巴，拿牙缸到外边刷牙，不一会儿牙刷就冻成了冰坨了……

雷正兴在小学毕业典礼上就曾表示，自己要努力学习，条件成熟时去当一名工人，当一名战士……他的理想看似远不可及，但却一步一步向他走近。

机会终于来了。雷正兴意志坚定，态度明朗，一次次找到招工组的同志，表达出要在祖国的钢铁战线上献出自己的青春和力量的愿望。招工组看这个小伙子决心这样大，个头虽然矮点儿，但热情如火，属于特别能干，也能把身边的人带动起来的那种人。后来又征求了县委书记的意见。雷正兴本人也专门去找过张书记，张书记表示同意，并希望他不辜负大家的期望，到了鞍钢，努力干好工作，做一名优秀的工人。

雷正兴在鞍钢招工组那儿拿到了一张需要本人填写的表格。在姓名栏里，雷正兴并没有写上自己的名字，而写上了“雷锋”两个字。1957 年 2 月，雷正兴在加入共产主义青年团的时候，就有意修改自己的名字，但没有改成。在这之后，他征求张兴玉书记的意见，说“雷正兴”是一个孤儿的名字，现在自己已不是孤儿了，要改名字。张兴玉书记同意他的想法，曾建议用“山峰”的“峰”字，雷正兴对这个字很认同。在就要去鞍钢的时候，他正式地把“峰”字改成了“锋”，“山峰”的“峰”，变成了“冲锋”的“锋”。对此，他解释说，自己将来要加入中国共产党，共产党是中国工人阶级的先锋队，要想成为其中的一员，就要做个先锋战士，叫“雷锋”更加有意义。他在报名鞍钢的表格和《决心书》上写的是“雷锋”这个名字，这一举动得到了当时主持县委工作的赵阳城书记的同意，赵书记指示相关部门照此办理人事介绍和团组织关系的转换手续。

“雷锋”这个名字，就这样应运而生了。

雷锋带上他简单的行囊，也带着他崭新的名字，和一些怀着同样理想和追求的年轻人，登上了北上的列车。

列车进入夜间行驶，音乐和广播暂停了。车厢里只有“咣当咣当”的车轮碾轧钢轨的响声。

同行中，湘妹子易秀珍和张月棋都伏在座位上睡着了。雷锋轻轻地把红皮箱从行李架上取下来，放到座位上打开。对面的杨必华惊讶地说：“呀，这么多书哇！怪不得我拎它的时候感觉那么沉。”

雷锋用右手的食指按在自己的嘴唇上，示意她小声。雷锋从红皮箱里拿出《钢铁是怎样炼成的》，里面的书签插在书里，就剩差不多几页就看完了。

杨必华说："这本书我一直想看，你看完了借我看看，行吗？"

雷锋笑着回答："没问题。"

雷锋又拿出一本书，问杨必华："听说你是铜官镇人？"

杨必华回答："是啊。"

雷锋羡慕地："你们铜官出陶瓷，还出了个大人物，叫郭亮，你肯定晓得的。"

杨必华说："晓得。家乡人都说'高公矮公'，高公出韶山，矮公出铜官。高公是个子高大的毛主席，矮公是个子矮小的郭亮嘛！我家附近，望城县还给郭亮建了个陶瓷墓呢。"

雷锋说："去年建这个墓时，我跟张书记还参加过义务劳动呢。这本《不朽的战士》书里有一篇就是《郭亮传》。你先看看这本书怎么样？"

杨必华高兴地说："太好了！别看我和郭亮是同乡，我真不晓得他的英雄事迹呢。"

雷锋把书递给杨华。他们两人各看各自的书。

杨必华突然有所发现："早听说郭亮就义前给他妻子的遗书写得很精彩，原来这里面就有啊！"

雷锋说："这个遗书我能背下来。"

杨必华有点不相信："你不是在吹牛吧？"

雷锋说："岂敢！我背给你听，你当个考官。"

杨华："行，你背吧！"

雷锋说："郭亮的妻子叫李灿英，郭亮的遗书是这样写的：'灿英吾爱，亮东奔西走，无家无国，我事毕矣。望善抚吾儿，以继余生！此嘱。郭亮。'对不对？"

杨华对着书说："一字不差，好记性！"

雷锋说："主要是郭亮的事迹太感人了，能让人记得住。"

火车在飞奔。火车在夜色中勇往直前，庞大的钢铁轮子在碾轧钢轨中显示出它的快乐。

车厢里，雷锋和杨华仍在看书。杨华发现书中夹着两页稿纸，上面是雷锋的字体：

> 如果你是一滴水，你是否滋润了一寸土地？如果你是一线阳光，你是否照亮了一分黑暗？如果你是一粒粮食，你是否哺育了有用的生命？如果你是一颗最小的螺丝钉，你是否永远坚守在你生活的岗位上……

杨必华拿出自己的本子，要把这段令人警醒的语录抄下来。雷锋发现后不让她抄："你怎么偷着抄别人的东西？"杨必华说："这段话发人深省，是你写的？"雷锋点点头："还没写完呢……"

两个人说话的声音很大，惊醒了易秀珍和张月棋。易秀珍睡眼惺忪地看到雷锋手里那本《钢铁是怎样炼成的》，惊讶地说："这还没到鞍钢呢，咱们组长就钻研起炼钢技术了！”

杨必华大笑起来：“你说的什么呀！”大家都笑起来。

易秀珍问：“笑我呢？”

杨必华告诉她：“那不是炼钢的技术书，那是本苏联的小说。”

雷锋调皮地说：“这里不是讲怎么炼钢，是讲怎么炼人！”

易秀珍更为不解，眼睛里充满了惊异和疑问：“哎呀！妈呀，什么？炼人？”

这回是张月棋用食指封住嘴唇，示意人们都睡了，说话小点声。

火车在前进，其他人都在睡觉，只有雷锋和杨必华在继续看书。

列车在夜幕笼罩下奔跑着，火车奔跑的铿锵声音是那么强劲。

一天，雷锋和几个同伴兴致勃勃地参观着武汉长江大桥。雷锋抚摸着大桥，感慨地说：“你们看，这大桥上面下面，全是钢铁呀！”杨必华附和着：“是呀！”张月棋说：“瞅瞅这大铆钉，比我们家的铁锤都粗！”易秀珍说：“我们去鞍钢，不就是生产钢铁嘛！”雷锋感慨地说：“钢铁对我们国家可太重要了，我一定要做一名合格的炼钢工人！”

在飞奔的列车上，易秀珍告诉大家：“刚才宣布了，到北京，火车还停留几个小时呢，咱们还得一块走，我真怕走丢了。”众人大笑。雷锋问：“大家说，想到哪儿去？”大家异口同声地说：“去天安门！”

在这个晴朗的早晨，雷锋和他的伙伴们来到了北京长安街，雷锋问一个行人：“请问毛主席在哪儿办公？”行人看了看他，似乎觉得这个人有什么毛病，没搭理他，摇头走过。雷锋又问一个行人：“毛主席住在哪儿？”这个行人回答：“中南海吧！”雷锋问：“中南海？”那行人指着：“前边就是新华门，门里就是中南海。你们去干什么？”雷锋说：“谢谢你了！”说完招呼着他的几个女伴：“走！”

雷锋和三个女伴兴奋地来到了新华门这神秘的、令人向往的地方。雷锋向一个过路的干部模样的中年人打听：“毛主席就在这个地方办公吧？我是他老人家的老乡，我们家离韶山就百十里路。我们能见他老人家一面吗？”中年人说：“我一直生活在北京，从来没见过毛主席啊！”

新华门外有两个威严的警卫战士正在站岗。雷锋和几个伙伴走过去。雷锋热情地问：“同志，毛主席是不是在这里办公？你能常见到他老人家吗？”警卫战士严肃地提醒他：“请不要在这里停留。”雷锋还要向里面探望，被警卫战士劝止了。看警卫战士严肃的表情，一旁的杨必华把雷锋拽走了。

在天安门前，雷锋凝视着巨幅的毛主席像，附近有游动的拿方盒相机的摄影者在招揽生意。雷锋和几个女伴拉住摄影者拍照，雷锋让女伴们先照。雷锋照的时候，一劲儿梳理他的“刘海儿”，并对摄影者说：“把我放在毛主席像下边儿，一定要把毛主席像照得清清楚楚的。”一个推着摩托的小伙儿在这里照相，雷锋走过去问：“同志，我能不能借用您的摩托照一张相？”骑摩托车的小伙子痛快地答应了。雷锋骑在摩托车上，两手把着摩托车把，像骑走的样子。摄影者迅速地拍下了这一难忘的镜头。雷锋交过钱，摄影者拿出专用的邮寄照片的信封，问：“地址写哪儿？”雷锋说：“写鞍山钢铁公司人事科转雷锋吧！”摄影者感到新奇，抬头看雷锋一眼：“你是鞍钢的？”雷锋说：“对，鞍钢！”说到这两个字，他内心是火热的，他的神情充满了自豪。

站在金水桥上，雷锋感慨万千，他仰头凝望着天安门城楼，久久不愿离开。这时一位解放军执勤战士过来提示他：金水桥上不让久留，怕拥堵了道路。雷锋走近警卫战士，天真地问：“毛主席住在天安门城楼上吗？”警卫战士回答道：“毛主席住在中南海，只有国庆节等重大庆祝活动时，毛主席才登上天安门城楼。”雷锋又穷追不舍地问：“你见过毛主席吗？”警卫战士回答：“我在这里执勤这么长时间，也没有见过毛主席，要想见毛主席，那得当英雄，当模范！”雷锋自言自语地说：“到鞍钢，我一定争取当上模范！”

第七章

甘愿当推土机手

人的生命是有限的，可是，为人民服务是无限的，我要把有限的生命，投入到无限的为人民服务之中去。

雷锋满怀着为祖国炼钢的宏伟目标来到了鞍钢。

一大早，参观的新工人们就来到了炼钢厂宏大的车间。在红彤彤的炼钢炉旁，雷锋掩饰不住好奇和兴奋，他边看边往小本子上记着什么。热气腾腾的大熔炉，钢水流泻，钢花四溅。一个穿着防护工作服的年轻炉前工正在用钢钎捅着正燃烧的炉火。参观的人群已往前走了，雷锋被这出钢的壮丽景象迷住了。他走上前，想问点什么，被大个子工人拨拉到一边儿：“别烫着你！这可不是闹着玩的！”雷锋仍走上前问：“这炼钢技术好学吗？”那大个子工人上下打量着雷锋，笑了一下，没吭声。雷锋又问：“你看我干这个行不行啊？”那大个子工人说：“你呀，个儿这么小，能有多大力气？劝你干别的活儿去吧！”雷锋满脸不高兴地合上本子，不服气地盯了大个子一眼。

在鞍钢化工总厂各种机械震耳欲聋的轰鸣声中，一队新工人来到煤场翻车机前。长长一列火车的煤，转眼就被翻车机翻扣在煤场上了。参观的新工人们看傻了眼。雷锋感叹道：“真是现代化的大工业呀！”

坐在墙上挂了不少奖状、奖旗的化工总厂部办公室，雷锋满脸地不高兴，生气地说：“我是来炼钢的，为什么非让我当推土机手？”

车间主任于明谦在做雷锋的思想工作：“在鞍钢的工厂工种很多，不是人人都能去钢厂炼钢的。”

雷锋情绪激动地说：“不来炼钢，我在家就开拖拉机了，为何来这里？”

于主任说：“知道。知道你在家乡开过拖拉机，所以才安排你到化工厂来学开推土机嘛，拖拉机、推土机，都是内燃机，你在家开过拖拉机，到这儿开推土机，轻车熟路，多好呀！”

雷锋赌气地说：“我来这儿，就是奔炼钢来的！”

于主任说：“你这个小伙儿，太倔了，你想炼钢，这想法很好。可是炼钢，离开咱们化工总厂就炼不了。不把各种煤炼成焦炭，炼钢怎么炼？小伙子，鞍钢就像是一部大机器，这部大机器上的每个齿轮和螺丝钉，都是不能缺少的啊！”

雷锋陷入了沉思，“大机器？螺丝钉？”此刻，望城县委张兴玉书记关于螺丝钉的话语仿佛又响在他的耳边。同时，他想到了自己北上之前，给招工组写的那份决心书，上面明确地表示：“服从组织的调配……”于主任趁热打铁地说：“是啊，小雷呀，现在咱们厂就缺推土机手，而推煤的任务又特别繁重。洗煤车间推土机手人数不够，老师傅年岁又偏大，这就要在新工人中间挑选思想红、体格棒又有一定技术基础的年轻人来补充，来接班。干吧，小伙子，我相信你一定能干好的！”

雷锋心想，只要对国家有利，我就当一个螺丝钉吧。他抬起头来，笑呵呵地说：“看来，我只好当这个‘螺丝钉’了！”

雷锋是一个想通了之后，做起来就一点儿也不含糊的人。

冬天的煤场上，门型吊、翻车机都在工作，呈现出一片繁忙景象。山一样的煤堆边上，停着一台坦克式的履带推土机。于主任指着这推土机说：“瞅见吗？小雷呀，今后你要摆弄的就是这个大家伙。这是台苏式 C-80 重型机械。”

雷锋跳上去，一下子就喜欢上这个比拖拉机大得多的推土机了。

于主任看看手表，说：“负责教你的李师傅还没到。你在这儿等他一会儿，我有个小会，开完会我就过来跟你们谈。”

雷锋一下钻到驾驶楼里，摸摸这儿，看看那儿，特别喜欢。一排大小不一的操纵杆摆在眼前，他忘情地逐个观察，到底和他开过的拖拉机还是不一样的，今后就要和这台重型机械日夜相伴了。

不知什么时候，风尘仆仆的李长义师傅已到了煤场。

李师傅厉声地喊道：“这是谁家的孩子？这么淘气！”

雷锋见这个衣服沾满油的老工人，便猜测着问道：“你是李师傅吧？”

李师傅问：“你是谁家的孩子？我怎么没见过呢。”

雷锋从上面跳了下来，说：“我不是谁家的孩子，我是湖南来的新工人，是于主任把我领到这儿来的，您没在这儿，于主任先回去办事去了。今后，我就是您的徒弟了。李师傅，您好！”他郑重地脱帽给李师傅行了个大礼。

李师傅满腹狐疑地问：“你跟我学？开这个大家伙，能行？”

雷锋肯定地：“能行！有什么不行的？我在家开过拖拉机。”

雷锋跟李师傅靠在履带上聊起天来。李师傅仍然怀疑地打量着雷锋：“你多大了？”雷锋回答：“18 岁。”李师傅不信：“你有 18 岁？”雷锋郑重地回答：“1940 年生人，你算算，我多大？”

李师傅点点头：“你这个娃娃脸，刘海儿头，挺能打马虎眼的，给人感觉也就是个上初中的孩子吧。”

雷锋说：“我没上过初中。”

李师傅接着问：“你在家开拖拉机一个月挣多少钱？”

雷锋回答：“32 元钱。”

李师傅惊奇地：“那你不亏了吗？你知道不知道，你千里迢迢从南方来到北方，开这么个笨重的大家伙，得当一年徒工，一个月才挣 22 元钱呀，足足比你在家少挣 10 元钱呢。”

雷锋没动声色地说：“那没啥，我不是为钱来的。”

李师傅问：“那你图个啥？”

雷锋不假思索地真情表白：“就图为国家炼钢啊！”

李师傅听了这话儿，有些感动，他再一次端详着这个执意要给他当徒弟的青年，猛拍一下雷锋的肩膀：“好，真是个好小伙子！”

不一会儿，李长义师傅和雷锋在值班主任的主持下，签订了

“师徒包教包学合同”。然后，雷锋被送到鞍钢技校学了两个月的推土机理论知识。

雷锋每天都是早早地到单位。有时候，离正式上班时间还有一个小时，雷锋就在煤场了，他先把师傅要用的各种工具备齐。在班上，师傅一伸手，他就知道要什么工具，立即递到师傅手上。师傅开推土机作业时，他就坐在师傅旁边，目不转睛地盯着师傅的动作，如何发动机器，如何调整机械，如何排除故障，他一一看在眼里，记在心里。没几天时间，他就能自己操纵 C-80 这个大家伙了。他不满足仅仅能把机器开动起来，还对照着说明书，把其中的道理弄得明明白白才算罢休。常常是下班很久了，他自己还在煤场琢磨呢，遇到不懂的问题，一定弄个水落石出才肯罢休。到了吃饭的时候，他先用饭盒给师傅打来饭，然后再打自己的饭，师傅吃完饭，他抢先给师傅洗刷饭盒。下班了，他先给师傅打来洗脸水，再去收拾工具。

雷锋开始学习操作了，他驾驶着推土机推煤，李师傅在一旁指导。雷锋个儿小，站着吧，还顶脑袋；坐下吧，视野就受到局限。

李师傅说：“小雷，你坐下开，老站着多累呀！”

雷锋说：“我一坐下，就看不见前面的推煤场了呀，个儿太小了。”

李师傅心疼地说：“为难你了！”

雷锋说：“没事儿，我稍稍猫着腰，照样能开！”

李师傅喜欢这个小伙子的执着和肯吃苦的劲头。

推土机都是露天作业，这对初来乍到东北的南方人来说，确实是一个严峻的考验。雷锋每天驾驶着又高又大的推土机，在煤场卸下几十节车皮的煤。一天工作结束，累得腰酸背痛，但他从未叫过一声累。

在工作中，雷锋刻苦钻研，勤学苦练，他只用3个月的时间，就成为李长义师傅手下“岁数最小，学得最好”的徒弟。

除夕之夜，李师傅一家正忙着包饺子，雷锋受到师傅的邀请，一脸喜气拎两瓶白酒和一张《年年有余》的年画来到李师傅家。李师傅抖着两只沾满面粉的手，往屋里迎着客人：“快请进，快请进！”

李师傅的儿子只有10岁，怕见生人，只拿眼睛看看这个，看看那个。雷锋要学包饺子，李婶不让他动手，他硬要包，包得不像样子，大家都笑话他。他用手挠挠“刘海儿”，沾了一脸面粉，逗得大家哈哈大笑。李师傅的儿子也在包饺子。李婶把一枚五分硬币放在一个饺子里，雷锋问：“婶，你这是干什么？”李婶说：“这是过年的习俗呀，谁吃到这个大钱儿谁有福气！”接着李婶问：“你们南方人过年，吃饺子吗？”雷锋说：“我们南方人讲究吃团圆年饭。”

外面的鞭炮声阵阵传来，屋里的钟声也跟着响起来了。这时，李婶端着热气腾腾的饺子过来了。李师傅把酱油、醋和剥好的大蒜都端上来了。李师傅给雷锋倒上一盅酒，雷锋连连摆手：“师傅，你知道的，我不会喝酒。”李师傅说：“今天不比往常，过年了！”雷锋接过酒盅：“那我就敬师傅和师母了！”雷锋和他们碰杯。全“家”人喜气洋洋地吃饺子。李师傅吃饺子时，咬到了一枚硬币。雷锋高兴地喊：“师傅有福气！师傅有福气！”李师傅说：“我是一家之主，我有福，全家都有福，包括小雷！”不一会儿，雷锋也咬出一个五分硬币。李婶纳闷儿：“今天我就包一个大钱儿，怎么又出来一个？”躲在一旁的李师傅儿子小声说：“我怕我吃不着，就偷偷地多包了一个，可我又没有吃到，我没福气……”

雷锋忙对他说：“你是我小弟，我有福，你就有福！”

雷锋在工作上取得的成绩让人赞叹，一个南方的小伙子，很快就融入北方的工人队伍里，样样不逊于别人；他尊师敬老，与李师傅一家、与工友们都相处得十分融洽，比亲人还亲。

第八章

中国“保尔”

人的生命是有限的，可是，为人民服务是无限的，我要把有限的生命，投入到无限的为人民服务之中去。

在东北，雷锋和与他一起来的伙伴，经受住了两大考验，一是寒冷；二是吃窝头。窝头就是东北老乡那时候常吃的玉米面做的尖顶塔状下面带眼儿的蒸馍，这是粗粮中的粗粮，南方人吃起来，很不习惯。

工厂的食堂餐厅宽敞而明亮。这一天，到了中午饭的时候了，雷锋与几个从湖南来的老乡在同一张桌子上进餐。

易秀珍说："这一周三天窝头，三天高粱米，才吃一顿白米饭，真够受罪的！"

杨必华和张月棋皱着眉头咬了两口窝头，没吭声，起身便走。易秀珍看了看雷锋，也随后离去。

雷锋硬着头皮咬着窝头。一边啃，一边用清汤寡水的白菜汤往下顺。在他抬头看时，恰好看见易秀珍等人把窝头扔到泔水桶里。雷锋看到这个场景，紧皱眉头，轻轻摇了摇头。

晚上，几个女友回到宿舍，张月棋首先发现桌子上有一个小铝盆，恰在这时，雷锋不请自到，敲门笑呵呵地走进来了。

杨必华使个眼神儿，示意易秀珍和张棋把脸绷起来。三个女伴都突然严肃起来，弄得雷锋丈二和尚摸不着头脑：“你们怎么了？”

杨必华反问：“什么怎么了？我问你，这盆大米饭是怎么回事？还有这张字条！”

雷锋摸着后脑勺，笑了笑：“就这个呀！今天下午厂部团委找我谈话，顺便在厂部食堂吃的，正赶上人家吃白米饭，我顺便买了一盆犒劳你们。”

杨必华说：“还犒劳呢，这明明是小瞧我们！”

雷锋被弄得莫名其妙：“小瞧你们，我哪敢呀？”

杨必华不容他辩解，说道：“还不敢呢！不就是个窝头吗？只要你能吃，我们就能吃。”

张月棋和易秀珍也跟着起哄：“就是，就是，我们一样能吃！”

雷锋笑笑说：“还说呢！我都看见你们扔窝头了，别以为我没看见，窝头也是粮食啊！我们都是农家子女，种粮食容易吗？再说，我们来东北也一个多月了，按说也应该适应了。吃窝头像吃药似的，总皱着眉头，还想在这儿扎根啊？我们来到东北，一要不怕冷，二要不怕吃窝头。有了这两个‘不怕’才站得住脚啊！”

杨必华提议：“小雷，既然你今天说到这儿，我们就立个规矩，谁再不吃窝头，大家罚他！”

雷锋问：“怎么罚？”

杨必华说：“用他一个月的工资，请大家看电影儿。”

易秀珍举手："我赞成。"

张月棋也举起了手："我也赞成！"

雷锋说："我更没问题。"

杨必华拍板："那就一言为定！"

众人齐声说："一言为定，一言为定！"

从此之后，吃窝头的情形有了改变。虽然还是工厂食堂，还是那张桌，雷锋和杨必华、易秀珍、张月棋比赛着吃饭。尽管有的皱眉头，有的挤眼睛，有的做痛苦状，有的做喜欢状，但他们都坚持吃了下去。易秀珍剩一小块，要带走，杨必华给要过来，塞到嘴里了，塞得嘴鼓鼓囊囊的。

雷锋从家乡带来的那本《钢铁是怎样炼成的》，在他的几个小老乡手中传来传去，保尔的故事深深地感染着他们。他们在鞍钢，是为了炼钢，但他们深深懂得，最为重要的是在生活的实践中锻炼自己。

雷锋风华正茂的青春岁月，正处于中国社会主义建设红红火火的年代。年轻的人们在这个火热的时代里，充满了革命的激情和浪漫的情怀，生活虽然是艰苦的，但心情是快乐的。

一天晚上，雷锋和他的伙伴们来到职工俱乐部，俱乐部舞厅传出动人的舞曲，雷锋却想和同行的女伴们分手。易秀珍问："你不跟我们去玩啊？"雷锋说："我去借书。"他去的是左边的图书阅览室。杨必华质问他："雷锋，你又搞单帮儿。我们每次来学跳舞，你为什么老不去？"雷锋笑笑，没有回答，和她们招招手，就跑进了阅览室。张月棋感叹地：“他真是个书虫，每天都离不开书。”

几个女伴走进简易的五光十色的大众舞厅。刚进到里面，视觉不习惯，只觉得舞池里人影婆娑。舞厅里正播放着苏联歌曲《红梅花儿开》。杨必华大胆些，张月棋有些好奇，易珍一直胆怯。三个女孩手拉手走进舞池，怯生生地跳起来。

等到三个女孩子跳完了舞，从舞厅出来。雷锋还在阅览室里阅读呢。

易秀珍说：“雷锋怎么还不出来？”张月棋对杨必华说：“杨姐，我很奇怪，大家都是年轻人，小雷怎么一次也不跳舞？他一来就钻图书阅览室，怎么回事？”杨必华说：“我们必须想办法改造改造他！”张月棋问：“怎么改造？”杨必华说：“我有办法，咱们试试看。”

易秀珍刚要进到阅览室里喊雷锋，里面正好关了灯，雷锋夹着一本书出来了。杨必华说：“雷锋，这阅览室不关门儿你是不出来，是吧？”

雷锋笑笑，挠挠“刘海儿”：“我忘了时间了。”他们边走边说话。

杨必华说：“哎，雷锋，你是不是对我们跳舞有什么偏见？”

雷锋反应很快：“没有啊，怎么会呢？”

杨必华说：“如果没有，为什么总不和我们一起跳舞呢？”

雷锋笑着回答说：“这个嘛，一个人的喜好不一样，我并不反对跳舞，我只是反对把所有的业余时间都用到跳舞上。人们常说，时间就是生命，一个人的生命是有限的。一寸光阴一寸金。我们正年轻，我觉得面对着知识的海洋，还是应该把业余时间和精力更多地用到学习上才对。”在别人听来好像是大话，但雷锋说这段话时，极为诚恳，他是发自内心的。

易秀珍向杨必华悄悄地说：“你不是要改造他吗？”

杨必华对易秀珍挤了挤眼，说：“快别提这个茬儿了！”

张月棋也悄悄地说：“他是不是要改造我们啊？”

杨必华对雷锋说：“那你也不能光看书，也得和我们一块儿活动活动，跳舞也是一种有益的活动呀！”

雷锋说：“我看跳舞也没什么难的，眼看春节快到了，我向你们保证，春节前我一定学会跳舞，你们都是我的老师。”

易秀珍慌忙解脱自己：“我当不好老师，我自己还尽踩人家的脚呢！”

杨必华自告奋勇：“我对你包教包会呀，保证教会你跳舞。”

雷锋爽快地答应：“行，我拜你为师！”

杨必华说：“我们就不签订师徒合同了吧，也免了学费。”

易秀珍说：“好大方呀！”

雷锋说：“一言为定！”

女伴们也应和道：“一言为定！”

从此之后，雷锋除了去图书阅览室，也遵守约定，时不时地就来到女伴们的宿舍，让杨华教他四步，走平步。他学得很认真。易秀珍和张月棋嘴里哼着歌儿作为舞曲，在一边观看。杨必华不时地鼓励着他：“对，对，走得不错。”雷锋跳得满脸是汗。

一个周日的晚上，雷锋和三个女伴走到舞厅门口，雷锋停下了脚步，他在看竖立的一块黑板：“舞友须知”。雷锋挠着“刘海儿”说：“糟了，糟了！我又不能跳了！”杨必华问：“看你，到了这儿，怎么又变卦了？”雷锋指着“舞友须知”说：“人家不让穿带钉子的鞋入场。”杨必华说：“那关你什么事儿？”雷锋把他的一只脚高高举起来：“你们看！”他抬起脚的鞋后跟上钉了不少的钉子。杨必华不满地说：“你瞅瞅你，来跳舞还穿这劳动鞋，人家舞厅的地板怕踩坏了，这舞又跳不成了。”雷锋说：“你们去吧！下回啊，下回我一定准备好一双跳舞的鞋。”说完，他在女伴们惋惜的目光中，大步走进了图书阅览室。

在以后的周日，雷锋也瞅时间认真地学习跳舞，真的有很大的进步。

钢都之夜，跳完舞的年轻人走在路灯下的街道上。

雷锋问杨必华：“怎么样？老师，我提前完成了学习跳舞的任务啦。”

杨必华说：“可以，你学什么像什么，蛮不错啊！”

在这样的夜晚，雷锋和几个从湖南来的小老乡都有不错的心情，他们同时聊到了小说中的英雄战士保尔，几个湘妹子自然而然地把他们身边充满理想光辉、热气袭人的雷锋比作保尔，说他是中国的“保尔”。雷锋当然谢绝这样的夸奖，在一轮圆月的清辉照耀下，他们像用不同的乐器奏响的美妙音乐一样，比赛着背诵《钢铁是怎样炼成的》里的著名段落：“人最宝贵的东西是生命，生命属于我们只有一次。一个人的生命应该这样度过：当他回首往事的时候，不因虚度年华而悔恨，也不因碌碌无为而羞耻。这样他在临死的时候就能够说：我整个的生命和全部的精力都已献给了人类最壮丽的事业——为人类解放而斗争！”

为了适应钢铁生产发展的需要，鞍钢决定在弓长岭矿山建设一个焦化厂。建这个厂，是为了增加焦炭产量，对完成鞍钢乃至全国钢铁生产任务指标，意义很大。这天，车间召开创建弓长岭矿山焦化分厂的动员大会，领导在台上做动员：“同志们，我们鞍钢要派人去那里参加基本建设。那里是个大山沟，条件当然也比较艰苦，吃啊，住啊，都不便利，有时可能连洗脸水都没有，传说山沟里还有蛇。总之，那里的环境是不尽如人意的。但是，同志们，越是艰苦就越能锻炼人啊！我们不指名叫谁去，完全是自觉自愿的，希望大家踊跃报名。希望有志的青年到那个艰苦的地方去建功立业！”领导的话音刚落，人群中就有人高声喊：“我报名！”领导向下张望。人们也向喊声望去，只见雷锋站起来大声说：“我报名！雷锋！”接着不断有人站起来报名，气氛活跃，场面热烈。

在弓长岭动迁后的农舍改做的临时工棚里，来此建厂的青年们把行李卷扛了进来。有人说：“这屋子没窗子没门，连炕席都没有，晚上怎么睡呀？”有人说：“这墙黑的，像锅底一样，当黑板不用刷漆了！”也有人说：“行啊，一咬牙就对付过去了。”雷锋第一个上炕把行李卷铺上，说：“这比‘天当被子地当床’好多了！”有人问他：“这是什么典故？”雷锋说：“我看过一本书，东北抗联的勇士们，有时就睡在大野地里，上头没房梁，下头没有床。东北抗日联军前辈们当年就是在这样艰苦的环境里打日本鬼子的。”

工地上，青年突击队在搭建临时宿舍。瓦工冲着雷锋提意见：“这是什么泥啊？疙瘩溜秋的，怎么和的泥？”雷锋转身而去。他来到和泥的现场，一青年在给另一青年往筐里铲泥。雷锋把那个筐子夺过来，把装满的泥倒到泥堆里。两个青年不解地问：“你这是干什么？”雷锋没说话，脱了鞋又脱袜子，脱完了就跳进泥堆，他赤脚和泥，把碎麻和稻草末踩进泥里，时而还蹲下身子用手和和。不一会儿就干得满头大汗。

在大家的共同努力下，建造宿舍的工程进展得很顺利，但缺少打地基用的石块。领导号召大家想办法找石头。天气虽然转暖，但河水一早一晚还有一层冰碴儿。这是个烈日炎炎的中午，雷锋和几个小伙子在太子河边找石头。雷锋走到河水深处，在河水里摸石头，找到一块就往岸上搬。几个小伙子也跟着他，到河里摸石头、搬石头。岸上的石头越堆越高，就这样，他们解决了缺石块的难题。

傍晚，在工地的火车专用线站台，一列车的水泥快卸完了。只剩下一节装水泥的车厢，孤零零地停在站台上。带领大家卸车的干部，看了看手表宣布：“今天就干到这儿，太晚了。明天早上接着卸水泥。”

这天夜晚，雷锋跑到工地调度室里看书，那儿电灯泡瓦数大。

调度员一边画着图纸，一边逗着雷锋：“你跑这儿来看书，得交电费啊！”

雷锋看着书，答道：“行啊，只要有人敢收费。”

此时，雷锋正在工地调度室里看书，外面开始电闪雷鸣，哗哗的秋雨从天上倾泻下来。

调度员说：“不好！白天有一节车厢的水泥还没卸完，给这大雨一浇可就毁了！”

雷锋说：“哎呀，可不！快！”雷锋一个箭步跑出调度室，他大声喊道：“大家救水泥啊！”

雨中，人们纷纷跑向专列线，有的拿雨衣，有的拿草袋子，有的拿雨布。雷锋飞快地跑回宿舍，先翻找雨衣，拽起要走，回头看看炕上叠好的被子，犹豫片刻，就把自己的被子抱在怀里跑出门，冲到风雨之中……

大雨哗哗地下着，人们匆匆忙忙地给那个装满水泥的车厢披上各种遮雨的东西。雷锋把自己的被子盖在了裸露在外的水泥袋上，临走，又脱下了雨衣，也搭在了水泥袋上。经过大家的齐心协力，国家的财产终于保住了，7200 袋水泥没有受到任何损失。

在仅仅一年多的岁月里，雷锋迅速地锻炼成长，他的思想也得到了提升。他的日记本里有两段最闪光的话语，成为后来人们经常提及和引用的经典语录。

青春啊！永远是美好的，可是真正的青春，只属于这些永远力争上游的人，永远忘我劳动的人，永远谦虚的人。

——摘自《1959 年 10 月 25 日日记》

人的生命是有限的，可是，为人民服务是无限的。我要把有限的生命，投入到无限的为人民服务之中去……

——摘自《1961年10月20日日记》

当年，雷锋和他的伙伴们，熟读《钢铁是怎样炼成的》，铭记着保尔说过的鼓舞人的话；如今，雷锋的话，也有着和保尔的话同等的内涵和价值了。现在有多少中国和外国的年轻人，把雷锋的话，抄写在自己的笔记本上，作为座右铭，铭刻在自己的心头。

第九章

光荣参军

人的生命是有限的，可是，为人民服务是无限的，我要把有限的生命，投入到无限的为人民服务之中去。

雷锋在家乡湖南广阔天地起步，在鞍钢和弓长岭炽热的工业战线上经受锻炼，在他最美好的青春年华，大步迈进了军营的大门，成为一名解放军战士。这是他人生走向辉煌的重要一步，这是雷锋精神形成并凝结为中华民族宝贵精神财富的重要环节。

在20世纪60年代，在社会上，人民解放军有两个令人羡慕和向往的称谓，一个是“大熔炉”，一个是“大学校”。有志的青年人，希望在这座大熔炉里得到冶炼，让自己百炼成钢；希望在这座大学校里得以进修，学到为人民服务的本领，成为国家和社会的栋梁之材。

雷锋是幸运的，他没有错过穿上人民解放军军装的机会。他是一个从旧社会走到新社会的苦孩子，深深体会到了新旧社会两重天的滋味，他无比感恩于共产党和毛主席，无比感恩于人民当家作主的新国家，他这个对旧社会苦大仇深的孩子，在新社会才有了背起书包上学念书的机会，有了吃饱穿暖的幸福之感。他能在执政党的县委机关里，给县委书记当通信员，他能去农场开拖拉机，能从家乡北上到东北——祖国的钢都工作，开上推土机，参加热火朝天的社会主义建设。适龄的雷锋穿上这套军装是必然的，但也有极度的偶然性。他是最应该当这个兵的，但也是最不容易穿上军装的。

中国人民解放军诞生于1927年8月1日 。土地革命战争时期称中国工农红军，抗日战争时期称国民革命军八路军和国民革命军新四军，从解放战争时期起改称中国人民解放军。中华人民共和国建立后，人民解放军抵御外来侵略，参加抗美援朝战争，维护国家独立与安全，参加和支援社会主义建设。同时，在加强自身革命化、现代化和正规化建设方面取得了巨大成就，成为巩固国防、维护国家领土完整与安全的坚实基础。中国人民解放军是由中国共产党直接领导的。这支军队在人民群众中享有很高的信誉，深受人民群众的喜爱和拥护，视之为人民的子弟兵。根据国家颁布的《兵役法》，这支军队每年都向广大适龄青年征兵。

1960年的兵员，是在1959年冬季开始征集的。

这个时段，是雷锋成长的关键时期，也是其后来成为全国军民熟知的人物最为关键的一个环节。

沈阳军区工程兵司令部在1959年12月3日，专门召集了由所属7个工兵团团长或参谋长和军务参谋及8个直属单位的主任、助理员参加的补充新兵的工作会议。雷锋后来所属的工程团司令部参谋戴明章随同团长吴海山出席了会议。按照会议规定，给这个团补充的新兵数是358名。接兵地点在辽宁省辽阳市及其管辖的地区。雷锋当时就在这个区域里，他能不能幸运地成为这358名中的一员呢？

1959年12月8日清早，工程团担任接兵任务的全体人员一行59人从四面八方赶到团驻地营口火车站，中午12点就到达了征兵地——辽阳。

对工兵团的军务参谋戴明章来说，他是极为幸运的。他可能是人民解放军在1960年征兵环节第一个接触到雷锋的人。

1959年12月22日，这一天是星期二。辽阳小屯天气是那么晴朗，虽是隆冬季节，但这一天并不让人感到异常寒冷。充满青春活力的应征青年聚集在一起，热血澎湃，迫切要求当兵。

戴明章在他的征兵日记中记录了这一天的情形：

昨晚从刘二堡返回到辽阳，今天又来到了小屯体检站。负责这个体检站的医护人员有的是市医院的医生，也有华子矿的医务人员。

今天进行体检的新兵除邻近农村的外，主要是弓长岭铁矿的应征青年。

在体检过程中，应征青年在小学校的窗外操场上三五成群，怀着一种不安的心情，详细地询问体检完的人。看到一伙人围着一位个子不太高的小伙子，听他挥舞着小拳头讲述家庭如何贫困，怎样受日本帝国主义压迫，表示参军是为了保卫祖国，为兄弟报仇等等，慷慨激昂的讲述引起我的关注。当他见我凑拢过去之后，便靠近我，并用手拉着我的衣襟，死命地纠缠着我，非要我批准他当兵不可，逗得周围的人们都笑起来。经我询问负责体检的护士小韩，才知道这个青年名字叫雷锋。可以看得出来，他是一个好青年。

这件事，让我看到广大青年对于解放军是无限热爱的。

一个征兵干部这篇最原始的日记，为我们描述了出现在征兵干部视野里的一个叫雷锋的青年人的形象。

三天后，戴明章的日记又一次写到了雷锋：

前天（23 日）从小屯体检站回到辽阳来。今天，在正常工作之外，将这一时期征集工作的情况进行了汇总，并用电话向沈阳工程兵司令部作了一次口头汇报。在汇报中，对于刘二堡地方干部对征兵工作的重视，对在小屯体检站看到的像雷锋那样应征入伍青年的积极热情，体检站医务人员的认真负责以及军地医务工作者的相互密切配合……都一一作为例子，进行了如实的反映。

看来，雷锋在这位接兵干部的心里留下了深刻的印象。

1959 年 11 月底，辽阳县兵役局有关负责人来到雷锋所在的弓长岭铁矿征兵，矿山成立了征兵办公室。铁矿团委宣传委员曹春禄是征兵办负责人之一，分管征兵的宣传和动员工作。雷锋知道了征兵的消息后，多次找到厂领导和征兵办，表达自己要参军报国的愿望。

在雷锋的记忆深处，童年时，对人民解放军的美好印象一直深深地刻在他心里。

那是1949年8月，人民解放军以排山倒海之势直下湖南，长沙和平解放。喜讯传到雷锋耳朵里的时候，他正在山坡上拾柴。他高兴极了，赶紧把柴送回家，要去找彭德茂大叔。六叔奶奶对他说，你彭大叔刚才来过了，告诉我，明天欢庆长沙解放，还说解放军进城后，有的还要过江来，让乡亲们做好欢迎的准备。雷锋和六叔奶奶商量，赶早烧些热茶，给过路的解放军解渴消乏。年仅9岁的小雷锋操起扁担，挑起水桶要去挑水。六叔奶奶说："你慌什么，塘里有的是水，明早再挑也来得及呀！早上塘水更清澈，烧茶才好喝呢！"小雷锋说："塘水再清也没有源头泉水清，山泉水又清亮又甘甜，正好给解放军叔叔们烧新茶。"一边说，一边就挑水桶出了门，向山坡上走去。

把水挑回来，小雷锋又去彭德茂大叔那儿要来了红绿彩纸，在灯下做起了小旗子。六叔奶奶戴上花镜，和他一块做。他俩一块糊，做了很多小彩旗。夜深了，小雷锋毫无睡意，在屋里挥着小旗子走来走去，还不停地喊着："欢迎解放军，欢迎解放军！"在六叔奶奶一再催促下，他才勉强躺下休息。

第二天天刚亮，雷锋早早就起来，把柴火抱进屋，开始烧茶水。吃早饭时，听到外面传来锣鼓声，锣鼓声越来越响，越来越密。雷锋顾不上吃饭，放下碗筷，拿起小旗子，拎着茶罐子，就跑向村头。六叔奶奶喊他等一会儿，一道去欢迎解放军，他根本没有听见，就独自奔向长宁公路了。

小雷锋看见解放军了，这支队伍从望城坡的方向走过来了，公路上欢迎的人群潮水般涌上去，锣鼓声、口号声连成了一片。小伙伴发现雷锋手上竟然有小彩旗，都纷纷向他索要，他就顺手分发给小伙伴们。自己只留了一面小彩旗，插在后脖领上，使劲挤到队伍跟前，招呼着叔叔们喝他的热茶水。他把茶水倒在茶碗里，端到穿着军装的叔叔们面前，有一个叔叔接过他的茶碗仰脖喝了下去，小雷锋激动得流出了眼泪。

大军在这条路上断断续续走了一整天。傍晚时分，有一个连队在简家塘附近住了下来，彭大叔赶来安排照应，小雷锋欣喜地跑前跑后帮忙照应着。这些穿着军装的年轻叔叔，住下来从不闲着，担水的担水，扫地的扫地，家家水缸满了，院子里干净了。他们穿的都是一样的军衣，分不出谁是官，谁是兵。他们用了乡亲家里的灯油，还要从自己的米袋子里倒出大米来做弥补。

小雷锋第一次亲眼见到世界上这么好的军队，彭大叔说过，解放军是咱们老百姓的队伍，是人民的子弟兵。雷锋与这些叔叔们相处得特别融洽，叔叔们都喜欢上了这个眼疾手快的“湘伢子”，就和他拉起了家常。雷锋问一个好像比他大不了几岁的小战士是怎么当上兵的，小战士说是志愿当的呀。小雷锋马上问，我志愿行不行？小战士看着他，愣了一下，说“你？你可不行。”小雷锋就问为什么。小战士说：“我大，你还小呢！”小雷锋不服气，争辩道：“我小？我不小！我能砍柴，我能担水，你们喝的茶水，就是我上山挑来的泉水烧的。”小战士说：“那也不行。当兵是要打仗的。”小雷锋一口咬定，说自己也能打仗！战士笑着，说："你能打仗？你还没有枪高呢！""枪？枪在哪儿？我比一比！"小雷锋看着那小战士把长枪取了来，立在地上，立直了，拉着小雷锋来比量。小雷锋挺胸仰头，确实还没有枪高。年龄太小了，要当兵得过几年长大了才可以。可小雷锋不死心，央求这个小战士和领导说一说，他说："我人虽小，却没有牵挂，没爹没妈，只有仇恨要报。"小战士真还把小雷锋央求的事报告给了连长。连长也是苦孩子出身，他对小雷锋很同情，可一说到当兵，他便笑着直摇头，小雷锋还没满九岁呢，实在太小了！

部队要出发那天，连长向乡亲们告别，雷锋又来哀求连长把他带走，他要当兵。连长不松口，不答应，小雷锋的眼泪夺眶而出。连长说，大军要南下，要追击敌人，解放全中国。伢子还是太小了，不能带他走。连长掏出一支钢笔，作为临别的礼物送给了小雷锋，嘱咐他："好孩子，不要哭，现在翻身解放了，眼下你的任务就是好好学习，学好了文化，学好了本领，长大了才能建设祖国，保卫祖国。"这位连长没有留下自己的姓名，却种下了小雷锋心里的念想，长大了一定要参军，保卫祖国，像这位连长叔叔一样！

当兵的信念，在雷锋的意识里从来没有消减过。

雷锋对人民军队有着深厚的感情，还来自他阅读过很多描写人民军队的作品，这里面有描写战士英雄董存瑞、黄继光、邱少云等人的新闻报道和小人书，还有苏联的小说《钢铁是怎样炼成的》《青年近卫军》等，他立志做一个像保尔·柯察金那样的人物。他十分喜爱作家魏巍的作品《谁是最可爱的人》，这篇文章，他能从头背诵到结尾，他曾与人探讨这篇文章里的“排比”“设问”等修辞手法，他把这篇文章开头的那段，背诵后说：“读了这段，我就产生了一种幸福感，我就觉得中国人民志愿军，为革命而牺牲的烈士的确是我们最可爱的人，心里自然而然地对他们产生了敬慕之情，我决心向他们学习！”这些英雄的故事促使他急切地走向军营。

1954 年初冬，湖南省望城县安庆乡的征兵工作开始了。当时的组织部干事、团县委书记黎国平被派到安庆乡协助冬耕冬种和征兵工作。一天晚上，北风呼啸，天气十分寒冷，黎国平正在乡政府研究征兵工作，看见一个十三四岁的少年来找彭德茂乡长。彭乡长向黎国平介绍说，这是我们乡第一个报名参军的。经彭乡长介绍知道这位少年名叫雷正兴，已经找过乡长四次了，坚决要求参军，彭乡长也说服不了他，被缠得没办法，就对雷正兴说，这是县里来的黎同志，他是负责征兵工作的，即使我同意了也不好使，你得问问这位黎同志答应不答应。

雷正兴一听黎国平是县里来的，又负责征兵工作，立即向黎国平请求：“黎同志，我要参军！”黎国平看着眼前这位个头矮矮的小伙子，刚要说：“你年纪……”这个雷正兴立即理直气壮地说：“我从小就失去了父母，受尽了地主的欺压和剥削。今天，我们当了国家的主人，幸福生活来得不容易。俗话说，有志不在年高。我一定要参军，当一名光荣的解放军战士，拿起枪杆子，保家卫国！”

黎国平给他解释说：“你的决心是好的，但你个子太小，当兵是很苦的呀！”

雷正兴抢着说：“个子小？小个子当兵才灵活呢！我是苦水里泡大的，我才不怕苦呢，请领导考验我。”

这一晚上，黎国平并没能把雷正兴说服。雷正兴天天跑来软磨硬泡，要求参军。他说：“我祖祖辈辈都是穷苦人，受尽了地主、日本鬼子的气。现在共产党和毛主席帮我们翻了身，保卫祖国，是我的义务。你就同意吧！”黎国平被他的诚恳和坚定的决心感动了，可是当兵是有年龄要求的。他只好劝雷正兴，说：“你还小，先好好读书，别着急，过两年我们一定让你去……”

欢送第一批入伍新兵走的那天，新兵队伍的后面，站着一个小青年，就是雷正兴，他仍然不死心，一把拖着黎国平，抱着最后一线希望说：“让我去吧，让我去吧！”黎国平感动地流了眼泪，可是，征兵确实是有严格年龄规定的。虽然雷正兴没能如愿当上兵，但他还是和黎国平一起，把这批新兵送到了十里以外的望岳区委。

经过在农场和工业战线的磨炼，雷锋的心志得到了锤炼。他要当兵，要走上保卫祖国的岗位，眼下正是征兵的时刻，机会决不能错过。

1959 年 11 月底，弓长岭下了一场雪，地上开始结冰了。雷锋所在的青年突击队抢修完最后一栋宿舍，大家高高兴兴地搬进了新房，焦化厂一切准备就绪，就要投产了。雷锋帮着同乘一列火车从湖南来的老乡易秀珍搬进新房子，安顿好了铺位，易秀珍问他将来怎么打算的，焦化厂投产了，你是继续留在这里，还是回鞍钢。雷锋看着小易只是憨笑，不肯说出自己的想法。而且在他含笑的眼神里，流露出一种难以琢磨的意思。小易有些着急，说："你傻笑什么呀？到底是怎么想的，你说呀！"雷锋对易秀珍说："我想好了，告诉你吧，我要当兵去！"

"当兵？"小易一下子怔住了："你怎么突然想到当兵？"

雷锋见小易如此吃惊，进一步解释说："这可不是突然想到的，当兵是我从小就有的愿望。你知道，我是个苦孩子，吃过旧社会许多苦头。新中国成立后，念了几年书，又工作了几年，是党把我培养大的。我一直感到我生活得很幸福。只有受过苦的人，才知道这幸福来得多么不易。幸福是需要保卫的。现在，征兵工作开始了，我准备报名。"

那几天，易秀华被领导派回鞍钢办事，她就与另两位从湖南来的姐姐说了，一个是杨必华，一个是张月琪，她们也和她一样特别关心雷锋，她同她们说了雷锋想当兵的事。她们听说后都特别高兴。杨必华说："雷锋当了兵，一定是个文武双全的好战士，将来准能当英雄。你回去代我向他表示祝贺！"张月琪笑着对小易说："雷锋到矿山工地去，你跟着去了矿山工地；雷锋现在当兵去，你也跟着当兵去吧！"

在 1959 年 12 月 3 日下午 3 点钟，弓长岭矿焦化厂召开应征青年会议，在会上，雷锋第一个发言，他说："当兵是我的义务，保卫祖国是我们光荣的职责。我坚决要求党总支批准我报名应征。"厂里只有批准报名的权力，没有直接送去当兵的权力。

这个会后，紧接着在午后5点钟，厂党总支部召开了全体职工动员大会。党总支书记李钦荣在会上做了动员报告，重点说明征兵工作的伟大意义，号召应征青年积极报名应征。李书记的话音刚落，雷锋第一个登台表示他应征的决心，在他的带动下，相继有30多名应征青年登台表示自己的决心，会场情绪热烈，掌声雷动。雷锋的这一举动，给这个厂子的征兵工作打开了局面，起到了推动作用，工作做得有声有色。谁也不曾想到，一个征兵动员大会，能从下午5点一直开到晚上9点半。

当夜，李书记就在办公室里躺着休息，心情很不平静，他被青年人积极向上，勇于参军报国的热情所感染。这时听到有人敲门，李书记问："哪位？"门外的人说："我是小雷。"一进门，雷锋就说："李书记，我能入伍当兵吗？"李书记说："小雷呀，外边下着这么大的雪，你又没穿棉衣，不冷吗？"李书记立即把棉袄披在雷锋身上，说："小雷，赶紧回宿舍休息，我一定大力支持你的想法，想办法送你参军。"李书记话虽然这么说，但他心里是极为矛盾的，他太喜欢雷锋这个小伙子了，像他这样的青年，到工厂仅仅才四个月零十三天呀，就处处表现突出，作为厂的领导，他怎么舍得轻易放他走呢？可是又不好正面公开阻拦他一心应征报国的行动。

李书记亲自与厂征兵办的同志交代了一下，让他们设法把雷锋留下来，不让他走成。但这个内情，雷锋始终是不知道的。

第二天，负责焦化厂总务股工作兼食堂主任的陈日东被李书记提名，做一段青年应征检查的具体工作。李书记特别交代："日东同志，你先把雷锋同志的有关材料查一下。"陈日东查阅了雷锋的人事档案，雷锋的档案最清楚，除一份职工登记表和入团登记表外，什么材料也没有，而登记表全是雷锋自己填写的。从登记表上看，雷锋确实是一个苦大仇深的孤儿，但他的政审是没有结论材料的。弓长岭矿曾给雷锋家乡湖南省望城县安庆乡发去函调，这件事是由焦化厂保卫干事金守成经办的，但由于路途遥远，一时没有回音。这是雷锋参军的一个短板，政审，对于一个应征入伍者是非常严肃和必备的，雷锋怎么能通过这一关呢？

为了表达自己坚决参军的愿望，雷锋写出了1000多字的《我决心应召》的申请书：

12月3日，当我听到车间总支部李书记的关于1959年征兵的报告后，我一时一刻都没有平静过。深夜了，我怎么也睡不着觉，便从床上爬起来，跑到了车间办公室，叫醒了已睡熟的李书记，我问他，我能不能入伍呀？李书记笑着回答说："能呀。像你这样身强立壮的小伙子，参加人民解放军是顶呱呱的哩。"他从头到脚仔细地看了我一下说："哎呀，小雷怎么没棉衣呀！下这么大的雪，不冷吗？"这时我才觉得穿一套单衣有点寒冷，李书记把棉衣披在了我的身上。回到了宿舍，我还是不想睡觉，坐在条桌旁边写我入伍的申请书和决心书。

第二天一早，我想到车间第一个报名，天还没亮，哪知道回收工段的适龄青年马守华同志比我更早，头一名让他得去了，真想不到我报的还是第二名。

参军，是我从小就有的愿望。人民解放军不仅是一个革命团结友爱的大家庭，而且还是个培养青年的革命大学校。现在我的愿望就要实现了，怎么令我不高兴呢？

当我在入伍簿子上写到我要坚决“参军”二字时，一段辛酸的回忆涌上了心头……

接着，雷锋回忆了自己的童年。他出生在一个很贫穷的农民家庭，父亲靠给地主做长工来维持一家半饱的生活，终年辛勤劳动，过春节时，全家五口人只有不到半升的小米。在抗日战争时期，他父亲如何被敌人毒打，伤病而死；哥哥如何做童工，被机器轧伤而死；弟弟年幼活活饿死；母亲为生活所困自缢身亡……一幕幕闪现在他眼前。

雷锋写道：

剩下了孤孤单单6岁的我，只好给地主养猪……挨打挨骂是家常便饭，过着非人的生活。那时候我年纪虽小，但对当时黑暗的社会是十分痛恨的。

那时我想：要是有亲人来搭救我，我一定要拿起枪，粉碎那些狗豺狼！为爹妈报仇。

伟大的党啊！您挽救了我，给我吃的、穿的、还送我念书。

我高小毕业后，进入初中，加入了光荣的共青团，参加了祖国的工业建设，在幸福中，一天天成长起来。

伟大的党啊！您是我慈祥的母亲，要是没有您，我很难想象自己的一切。今天您需要我，我一定挺身而出，不怕牺牲，不怕困难，永远忠于党、忠于人民，继承长辈优良的革命传统，为建设现代化强大的国防军，为保卫社会主义建设，保卫世界和平，我要把自己的青春献给祖国最壮丽的事业！作一个真正的共产主义革命战士……

申请书落款写着：“焦化车间工人——雷锋”。这个申请书，发表在 1959 年 12 月 9 日弓长岭矿的《矿报》上。

雷锋当兵，在这里必须说到一个人，这是一个十分关键的人物。他的话有一定的权威性，是他力荐雷锋入伍的。他就是时任辽阳市兵役局政委的余新元。

余新元 1933 年 11 月生，甘肃静宁县人。1936 年参加革命，1937 年 7 月加入中国共产党，初中文化程度。在革命岁月里曾出生入死，1941 年秋季反“扫荡”中被授予晋察冀军区一分区“战斗模范”荣誉称号。只说一件事，就知道他的资格有多么老：他在战场上负伤，国际主义战士白求恩曾亲自给他动过手术。在解放战争中，他荣立两次大功，两次二等功，三次小功。他是雷锋入伍最重要的见证人之一。

余新元政委心里清楚，雷锋入伍的年代，正是新中国处在最困难的时期，国内国际形势相当紧张，军队正处在紧张战备状态。在这时候征兵，更需要保证兵员的质量和数量，一点也马虎不得。

在这次征兵的过程中，余新元政委与雷锋有了接触。以前他俩根本不认识，没有任何的来往。雷锋为了能当上兵，不仅在本单位焦化厂和弓长岭矿积极活动，也直接找到了兵役局，找到了兵役局的领导。当时矿上和厂里的领导对雷锋说："你个子矮，体质也不够壮实，体检这关不太好过呀！"雷锋却信心十足，他说："只要厂里同意，我才不怕检查呢！"

最先厂里公布参加征兵体检的名单里，没有雷锋的名字。这可把他急坏了，急得脸色都变了。经过他软磨硬泡，厂领导本来想阻挡他离开厂矿，留在本单位当骨干的，这下子也只好开介绍信让他补上体检这一课了。

临时确定的体检站，设在辽阳小屯一座小学校院内。等待体检的青年，有的结伙上街玩，有的三五成群闲谈，只有一个矮个子小伙子拿起笤帚在扫院子，他挨个打扫教室的临时宿舍。这一天是12月22日。经过雷锋天天磨缠，接兵的戴明章参谋与新兵连的干部商量，答应了雷锋参加体检的要求。

一个应征青年不经过体检，那是没有资格参军的。

这是个寒冷的冬季。一大早，在这个应征体检站，人们的精神面貌与室外温度形成强烈的反差。聚集在这里的应征青年，一个个容光焕发，充满了年轻人的活力。坐在长条板凳上等待体检的青年和相送的亲人、同事，在排队，等叫名。雷锋一反往常，也不再悄悄看书了，一个劲儿地向体检室张望。

坐在雷锋左边的是他的一个工友，他在雷锋的影响下，也报名来了，他坐在那里闷头抽烟，是自己卷的那种喇叭筒烟。雷锋右边是一个膀大腰圆的小伙子，比雷锋高出一头，他不屑地看了一眼雷锋，问："你也当兵？"

雷锋疑惑地问："我怎么了？"

膀大腰圆的小伙子说："条件！懂不？条件。"

雷锋说："我不懂！条件怎么了？"

小伙子说："就你这个头，这分量？你看看咱这胳膊，人家要这样的！"小伙子把右臂使劲弯了弯，让人感到那是力量的凝聚、力量的象征。

雷锋不服气，但明显比不过人家，"哼"了一声后，也就没再吱声了。

左边的那个工友看不过去，替雷锋说句公道话："你别看他个头小，人家各方面都是先进，开过拖拉机、推土机呢！"

小伙子听雷锋的工友这样说，对雷锋也有些刮目相看了。

护士从体检室里探出头来，拿出体检表念道："雷锋！谁是雷锋？"

雷锋高兴地喊："来了！"

在体检室里测量身高，雷锋使劲地踮起脚跟，医生说："一米五四。"雷锋没底儿地问："合格吧？"医生摇摇头："一米六才合格呢！”量体重，雷锋上去使劲压，还是压不动表上的针。医生说：“你就别压了，怎么压也不足50公斤！”雷锋追问：“多少斤够分量？”医生答：“60公斤，也就是120斤。”雷锋又上秤，自己看，然后鬼机灵地说：“哎呀，我早上没吃饭就来了！”陪着雷锋体检的焦化厂总务股长陈日东对雷锋说：“小雷，说话要实事求是，今天早晨，我们不都是吃了两个酥火烧和一大碗酸菜吗？”医生说：“你吃一斤二斤的，也不够秤啊！”雷锋着急无语。医生又让雷锋侧身躺在床上，医生听诊，发现他脊背上有一片伤疤。医生和护士说：“这小伙儿一定挺淘。”说完，问雷锋：“这伤疤是淘气摔的吧？”雷锋动情地回答：“我是个苦孩子，是个孤儿，这些伤疤都是旧社会留给我的烙印啊！大夫，好大夫！我求你们了，让我当兵吧！”

医生、护士被深深感动。医生说：“可是，你身高、体重都不太够啊！”

雷锋紧握着拳头，说：“我还能长啊！”

医生感动地说：“好小伙子，难得有你这样当兵的志气，我们可以把你的情况向上面反映。”

在体检站的走廊里，那个工友高兴地向雷锋报告：“我过关了！你呢？”雷锋蔫蔫地说：“我，够呛。”工友两手摇动着雷锋的胳膊：“那怎么行啊？你那么积极当兵，把我都带动起来了，你要是当不上，我倒走了，这怎么行呢！你走不了，我也不走了！”

雷锋说：“胡扯！什么不走了？谁走不了啊？这个兵，我当定了！”

工友一脸愕然。这次体检，雷锋没有通过，身高和体重差那么一点。

体检完毕，天色已黑。回来时，雷锋在汽车上没戴帽子，寒风刺骨。同车的人都感到寒冷难当，但雷锋却唱起了“雄赳赳，气昂昂，跨过鸭绿江”这首志愿军的战歌。这首歌曲鼓舞着大家，歌声冲破了深夜的寂静，压过了汽车马达的轰鸣，一点儿也看不出体检没过关给雷锋的打击和压力，因为在雷锋内心深处，没有什么能泯灭他当兵的愿望和志气。

雷锋从厂里跑了十几里路，找到了辽阳市兵役局，找到了余新元政委。

余新元是位老红军，他对这个年轻人想当兵的心情非常理解，特别是见到雷锋时，更是暗暗地称赞，甚至是欣赏。

余新元目测了一下雷锋，觉得他的个头儿有点欠缺，体重也可能不会达标。担心他到部队不能承受给他的工作任务。可是雷锋当兵的心情十分迫切，他对余新元说：“政委，你不送我走，我就长期住在你这儿。”余新元笑笑说：“如果批准你入伍，就高高兴兴地去；如果不批准你去，你就好好地工作。你有一颗红心，也要有两手准备呀！”雷锋坚定地说：“不，我只有一手准备，就是当兵！要不要我，我都要去！不发我军装，我穿便衣也要去！”雷锋还说：“政委，我参军是按照毛主席的教导来做的，人民最需要的地方，就是我要去的地方，为了党和人民的利益，我就是赴汤蹈火也在所不辞！”

听了雷锋如此诚恳的这一番话，余新元更增加了对雷锋莫名的好感。在他的心里已经默许了这个青年当兵的要求，但无论是谁，要当兵，有两条必过的关口，一是体检，二是政审，这是谁也不能含糊的。

余新元政委是辽阳市征兵办公室主任，他召开了一次会议，内容是汇报征兵的工作情况，参加人员有征兵办公室全体工作人员和接兵单位的负责同志。会议开完后，余新元又与接兵部队的同志专门说了雷锋的入伍问题。余新元把雷锋的情况和兵役局的倾向性意见向接兵的负责人做了简要介绍。接兵单位的负责人说："我们还是按照军委的好中选好、优中选优的命令办。"余新元说："军委的命令并没有单纯指出是身体上好中选好、优中选优，而是包括思想政治方面全面衡量来达到好中选好、优中选优。"当时出现了短暂的僵持局面。余新元作了一个表态："我们地方和武装部门一致同意输送雷锋入伍。"接兵部队的负责人也表态说："既然地方党委武装部门要求我们把雷锋带走的话，那我们可以考虑。"这是雷锋能否当上兵的最重要的一次商议。

有了兵役局征兵办和接兵单位共同的表态，雷锋这个名字才正式列入预备兵里；而且在新兵集中复查的第一天，余新元就把雷锋送到了接兵部队的新兵营了。

那天，快要开晚饭的时候，戴明章参谋正聚精会神地整理手上的新兵名册，查阅入伍新兵的各项手续和档案。兵役局余新元政委拉着雷锋进到屋里，对他说："戴参谋，你正忙着吧，我给你送来一个小便衣通信员。这个小伙子老是跟着我不走，非要闹着当兵不可，你看怎么办？我看你先收下，后面的事再说。"就这样老政委把雷锋交给了接兵的戴参谋，让接兵单位的干部，亲自感受和体验这个强烈要求当兵的青年是怎样的一个人。

充满青春朝气的、朴实又诚恳、精明又干练的雷锋此刻就站在戴明章面前了。戴明章回想自己当新兵时的心绪，此刻就能理解雷锋心里对一个决定自己命运的军官该是如何想得了。他理解雷锋此刻的心情，急切需要同情和支持。戴明章并不是第一次见到雷锋，他已经与他打过几次交道了。

戴明章心里想：不能对雷锋进行任何贸然的许诺，应该尽自己所能帮助这个小伙子实现自己的夙愿，虽说自己有这个心，也有这个能力，但最后的拍板不是自己所能及的。这需要新兵营的干部统一思想，还必须向上级请示。

没有想到，雷锋这时完全进入了“便衣小通信员”的角色。他首先开口：“戴参谋，已经开晚饭了，走，喫饭去吧，我给您拿碗。”他用家乡湖南长沙一带口音把“吃”说成“喫”，而戴明章曾在长沙高级工程兵学校学习、工作过四年，很习惯雷锋的口音。于是，他们一块去食堂就餐。在去食堂的路上，雷锋紧跟着戴明章，不时用手拉着戴明章的衣服，他还是没有憋住，表达了自己的愿望，解开当前的疑惑。他对戴明章说：“戴参谋，这回可以确定我当兵了吗？老首长余政委叫我给您当便衣通信员，若是您让我换上军装不就是部队正式通信员了吗？对吧？我行的，我当过通信员，那还是在家乡的县委当过公务员哩，戴参谋一定知道吧？”戴明章看到自己面前这个天真活泼的小伙子，既充满了自信，又觉得心里没有底，他是在表白，还是在试探？他没有再往下说什么，那话外的话是，反正余政委把我交给您了，您收也得收，不收也得收！

饭后，从食堂出来，走在路上，新兵营营长荆悟先、教导员李恒基也从新兵连检查工作回来，戴明章与他们说了晚饭前，余政委送来雷锋当新兵营的“便衣通信员”的事儿。关于雷锋的情况，这几天新兵营也议论多次了。李恒基看看身旁这个小伙子，用地道的山西口音说了一句：“这个娃还怪机灵的哩！”随口问雷锋一句：“你为啥要当兵啊？”这本来是见到应征的青年都要问的一句普通的问话，可这时，雷锋却像得到了抒发和宣泄的时机一样，打开了话匣子，滔滔不绝地讲了自己的苦难身世，讲了共产党解放了他的家乡，他才过上幸福的生活，他参军就是为了保卫这来之不易的生活。说出了这些心里话，雷锋觉得还不够，他必须抓紧时机向这三位完全可能决定他能否当上兵的首长再一次表明自己的决心。他说：“营长、教导员、戴参谋，你们不知道吧，我为了要当兵，连什么东西都不要了。厂里的李书记不愿放我走，我就找辽阳市兵役局。余政委的家我都去过好几回了。反正我一心要当兵。连老政委的家属都很同情我当兵的请求，可是她说了不算。”

自从雷锋上任“便衣小通信员”之后，在南林子工农干校新兵集结点的六七天里，雷锋和新兵营的官兵们同住在干校一楼一个教室里。把学生的书桌拼凑起来就是床了，雷锋就睡在戴明章和李恒基身边，还有一位协助工作的龚耀明见习参谋。他们的每时每刻，包括一日三餐几乎都和雷锋形影不离。

征兵是极为繁杂琐碎而又细致入微的工作，不能出一点差错。在那最后的几天里，戴明章常常彻夜不眠。

1960 年 1 月 2 日夜里，戴明章和新兵营两位主官拖着疲惫不堪的身躯回到住处，就发现每个人临时睡铺前，都摆着一盆冒着热气的水。这样寒冷的冬天，有这样热气腾腾的一盆水，让他们异常感动。这时雷锋出现了，他真诚地说："首长辛苦了，请首长洗脸、烫脚吧！"这么晚了，雷锋还没有睡，一直等着他们开会结束，并给每个人准备了一盆热水。

见习参谋龚耀明用他贵州的普通话夸奖了一句："嘿，雷锋这个小鬼还行啊！是一个挺勤快的小通信员啊！"

此时，戴明章感动了，他想，雷锋这样小小的年纪，却能在日常生活方面尽想着别人，这不单单是一盆水，这是一颗赤诚的奉献的心啊！

第二天早上，雷锋早早就起了床，又给每个接兵干部准备好了洗脸水，毛巾搭在脸盆边沿上，旁边的杯子也盛着漱口用的水，杯口上横放着牙刷，牙膏挤在刷毛上。

就是这样，雷锋把接兵干部的内务整理和室内外卫生的打扫工作一个人全包了下来，不让接兵干部伸手做这些细小的事情，以便于他们全心全意忙征兵中的事情。就连戴明章忙里偷闲在干校的冰场上溜冰，雷锋也抢着把他的冰鞋背在肩膀上，在戴明章溜冰的时候，他一边给看守衣物，一边向围拢来的学生和溜冰的青年进行参军事宜的义务宣传。

雷锋曾被编入新兵预备队，也住在南林子工农干校。一天晚上，市兵役局为应征入伍的新兵组织了一场电影晚会，雷锋跟着新兵营的主要领导看电影，正好余新元政委也来了，雷锋坐在余新元政委左边，李恒基教导员坐在余新元政委右边。电影的名字是《三个母亲》。主人公的身世很苦。电影开始不久，当看到剧情里主人公的不幸遭遇时，雷锋就抑制不住地流眼泪。电影放映结束后，回到住处，李恒基的心情难以平静，他想到了雷锋的身世。李恒基向荆营长说了自己看电影时的感受，表示此时理解雷锋坚决要求参军的心情了。

在这几天里，雷锋赢得了接兵干部的好感和信任，也赢得了真诚的友谊。

雷锋到底能不能入伍？体检和政审到底存在什么问题？

尽管雷锋身体瘦小，但他的身体很结实，个儿不高，体重不太够，但总的说来，并不是影响他入伍的重要原因。

雷锋自从1958年秋天从湖南家乡来到鞍山，在工作岗位上，他吃苦耐劳，埋头苦干，且表现突出，曾被评为“红旗手”“劳动模范”“先进生产者”，《矿报》《鞍山日报》对他的先进事迹都有过报道。特别是在焦化厂，他积极工作的态度，先人后己的行为，一心为公的胸怀，受到大家的称赞，更是得到了他所在工厂主要领导李书记的赏识和重视。自从征兵的工作开展以来，李书记虽然在雷锋反复坚定报名和申请的攻势下，口头上答应帮助他推荐入伍的事情，但真心是想把他留在厂里，成为重用的骨干和重点培养的对象。

按照征兵政策的规定，有两条是绝对不得违反的，一是年龄限定，前后差一天也不准接；一个是政审表，盖章不完全不能应征。虽然雷锋也和初检合格的青年一起在南林子新兵集结地集中，在这里，工兵团陆军、海军，几乎所有的新兵都换上了新军装。可雷锋依然没有穿上军装，依然是个“便衣通信员”。可想而知，雷锋心里是多么着急了。戴明章多次与兵役局的助理员联系，希望把雷锋的政审表办利索了，可是，助理员说，厂子的保卫部门不给出具政审表。原因是，雷锋 1958 年进厂时，没有原始档案。

没有原始档案，这是一个至关重要的问题，很严重，很棘手。谁敢把一名没经严格政治审查的新兵带进部队里来呢？

实际上，雷锋本来应该入伍到海军部队的。正是因为政审手续不全，旅顺口海军基地的李大队长表示不能接受雷锋参军。工兵团接兵干部深知此情，仍然不想放手，想把他带到部队里来，因为他们亲眼观察到这个小伙子如此热情和诚恳地要求当兵，在实际接触的几天里，他又是那么的出众，令人十分喜爱。

怎样才能把这个当兵心切，表现又好，具有先进的思想和超常人作为的适龄青年带入军营呢？具有实际操作经验的戴明章想到，经手接过的新兵，带回部队后，要进行适当时间的检疫隔离和新兵训练。在此期间，一旦发现某一个新兵因身体条件或政治原因不适合留在部队，允许按照国防部关于非战斗减员的规定办法，作新兵退回处理。但退回新兵的缺编人数，上级不再给予补充。

能不能暂且把雷锋带回部队？戴明章和两位接兵主官有这样的打算，却不能擅自做这个主。

1960年1月7日傍晚，也就是第二天新兵抵达部队的前夜，戴明章参谋通过军用长途电话打到了位于营口的团驻地，让总机接转吴海山团长，吴海山拿起话机，通讯连总机的电话员说："是一号首长吗？请接辽阳长途，戴参谋同您讲话。"紧接着，电话里传来非常熟悉的戴参谋的声音，戴明章用标准的军人请示报告语气说："团长同志，您好！下面向您报告一下接新兵中的一个情况：全部接兵工作已基本结束，定于明天上午从辽阳出发，午后可抵达营口。现在有一个问题特向您请示，在新兵复查中有一个应征青年叫雷锋，他的身体条件体重和身高都差点，但按新兵体检要求基本合格，唯政审手续不全。可是他在地方上的表现突出，多次被评为模范，是先进生产者，推土机手。因他要求当兵心切，在新兵集中时，兵役局便把他交给了我们，已给我们当了6天的'便衣通信员'。因此，我与荆营长、李教导员商量，决定收下带回部队。如果到部队后，在检疫隔离和新兵训练期间发现什么问题，还可以作新兵退回处理，这样做是否可以？请指示。"

吴海山1921年出生，1940年参加新四军，同年加入中国共产党，初中文化程度，在抗日战争时期，1941年曾被授予"模范共产党员"称号，在抗日战争、解放战争和抗美援朝战争中都各荣立三等功，是一个决断能力很强的军事干部。他历来处事果断，从不拖泥带水，对部下充满信任，从来都是放手让他们完成自己的工作。戴明章经过军事院校培养，训练有素，能文能武，工作上经验丰富，曾经是司令部的作战参谋、军训参谋，为了加强部队平时的正规化建设又任命他担任了军务参谋。从1956年开始，他已经是第五次担负接新兵的任务了，团领导对戴参谋的工作一直是满意的。吴海山听了戴明章的请示汇报之后，当即答复："一切由你军务参谋看着办就好了。"

放下电话，戴明章心里有了底。如果团长在电话里表示不同意，戴明章是不可能把雷锋带回部队的。他把团长的指示向新兵营两位主官通报了，两位主官也非常高兴。这样，戴明章就把雷锋的名字填在了新兵机动数的花名册上了。并把包括雷锋在内的358名新兵名册递交给了市兵役局。这就是最后的拍板。

从这一刻起，雷锋就成为中国人民解放军的一员了。当天深夜，在新兵营即将出发的前8个小时，才通知到雷锋本人，雷锋欣喜地穿上了新军装。

雷锋抽点空儿回厂里整理行装，他把自己穿过用过的旧衣物打了一个包，托易秀珍代他送给雷锋经常关照的姑嫂城生产队的五保户、牧羊老人吕长太。又把易秀珍给他拆洗过的被褥叠得整整齐齐交给小易，当着大家的面，说是让小易代他保存起来。过后，却悄悄地对小易说："山沟里天寒，别再盖我那床棉絮了……"

这里面有一段故事，还是那次雷锋为保护和抢救站台上的7200多袋水泥，把自己那套蓝花布被褥盖在了水泥车皮上。那天，小易连早饭都没顾得上吃，就和同屋住的于姐把雷锋这湿乎乎的被褥拆开，取出棉絮送到烧水房里去烘干。小易先去担水，回来洗被褥，刚挑起水桶，雷锋从食堂赶来了，一手递给小易两个烧饼，一手夺去了她肩上的扁担，说：“你先歇歇吧，我去挑水，回来我自己洗。过后你帮我缝上就行了。”小易争不过雷锋，雷锋挑了一担水，小易催他去上班，把他的被褥洗干净又晒干，整整忙了一上午，那旧棉絮怎么烤也干不透，经雨水浸泡后，一烘烤变得硬硬的，一点也不柔软了。这样缝上盖到身上也不会暖和。这可怎么办？买新棉絮吧，当地没有卖的。去向公家要一床，雷锋肯定不同意。想来想去，小易就把自己被子里面的棉絮拿出来，悄悄地和他的换了。“十个男儿九粗心”，小易原本以为雷锋一直不知道换棉絮的事呢，原来他什么都知道。临当兵了，把那床棉絮送了回来，物归原主了。

在单位送雷锋当兵的会上，李书记让小易给雷锋戴上了光荣花。别人参军都有父母兄弟姊妹送行，雷锋是个孤儿，只有工作上的伙伴，没有别的亲人，可是为他送行的人，足足有一卡车，那场面十分感人。

1960 年 1 月 8 日，对于雷锋，对于工兵团，甚至对于人民解放军，都是一个值得纪念的不平凡的日子。这一天，是这个优秀的青年，后来成为全军和全国人民学习榜样的雷锋入伍的日子。

这一天的中午 12 点 30 分，接新兵专用列车驶离了辽阳车站。

新兵登车前，从南林子到辽阳火车站，沿途近四华里的街道上，站满了欢送的人群，有地方党、政、军各级领导，有人民团体的代表，有新兵的父母和兄弟姐妹、妻子或未婚妻……男女老少，载歌载舞，夹道欢送，那喜庆的气氛如同过年过节一般。

余新元的夫人在单位请了假来送雷锋。她知道雷锋没有爹妈，她以雷锋亲人的身份出现在欢送新兵的人群中。她替雷锋拎着那只装着全部家当的小皮箱，尤其是她特意按雷锋的岁数给雷锋煮了 20 个鸡蛋，像对待自己的亲儿子一样，她嘱咐雷锋：“到了部队上，要好好学习，依靠首长和战友，好好锻炼，达到一个合乎标准的人民的好战士。但不要忘记照顾好自己的身体，你的体质不是太好。”余新元夫人一番温暖的话语，使雷锋的眼眶湿乎乎的。

车站月台上，许许多多的新兵排着队登车，这是一个军列。大幅的红色标语横额上，写着“欢送新兵，保卫祖国”“一人当兵，全家光荣”等口号。此时，锣鼓喧天，人声鼎沸。

兵役局余新元政委拉着雷锋的手，说：“小家伙，这回你满意了吧？”

雷锋使劲掂掂肩上的背包，笑着说：“满意了。”

余副政委嘱咐着：“到部队好好干，干出个样儿来！”

雷锋响亮地答应着：“要得！请首长放心！”

军列开动。雷锋从车窗伸出半个身子，使劲地挥手。月台上，众人挥手。易秀珍踮起脚跟，高高地举着双臂，眺望着渐渐远去的雷锋。

列车一声吼叫，便徐徐驶离了辽阳站。车厢里的气氛开始时有些沉闷，还能听到个别新兵因离别亲人、离别家乡而发出惜别的抽泣声。这时候，雷锋站了起来，他挨个换座位去和大家聊天，说家常话，后来竟然干脆指挥新战友们高声合唱起了《没有共产党就没有新中国》的歌曲。

在新兵车厢里，伴着车轮的铿锵声，靳悟先营长给新兵宣布：“上车前接到部队首长的电话，咱们新战友到了军营，部队要开大会欢迎我们。首长指示我们选个新兵代表讲话。选谁呢？”他沉吟了一下。新兵们极为安静，屏住了呼吸。

靳营长说：“大家不推荐，我说一个。雷锋同志是鞍钢的先进人物，应征期间表现很不错，选雷锋同志代表新兵发言，大家同意不同意呀？”“同意”“没意见”新兵们响亮地喊着。靳营长又说：“大家有新的人选也可以说出来。”众人无言。

这时，有人站起来说：“我看到雷锋在报纸上发表一篇《我决心应召》，那不是现成的发言稿吗？”有人附和：“对呀，对呀！”戴明章参谋说：“好！”靳悟先营长说：“就这样定了。雷锋，你好好准备一下。”雷锋诚恳地问：“我说点啥好呢？”靳营长说：“怎么想就怎么说呗！要代表大家的心意，要简短。表示一下决心，比如入伍后好好干，争当‘五好战士’之类的。”雷锋说：“一会儿我写完，你给把把关吧！我还是心里没底儿。进了军营，我怕……”靳营长说：“怕什么？什么都不用怕！”

在飞驰的军列上，在铿锵的车轮撞击钢轨的声响中，雷锋沉思着，时而在车子晃动中低头写几句，时而抬头望着窗外掠过的山岭、树木、田野……

一只鹰在窗外高远的天空上盘旋。

雷锋久久地注视着那只鹰。

鹰飞得越来越高，越来越远，直到看不见。

戴明章等接兵干部欣慰地看着雷锋的一举一动，默默地随着大家哼唱歌曲，心里在想，这是多么好的一个小伙子啊，不久的将来，他肯定是一个“五好战士”。

不知什么时候，新兵雷锋竟然与列车长取得了联系，他知道接兵干部是多么的辛苦，多么的疲惫，连续多少天也没好好休息一下了，他得到列车长的理解和支持，让接兵的干部们到最后一节卧铺车上去休息。这个新兵是多么的机敏和勤快啊！尊敬上级，时刻为别人着想，这几乎成了他与生俱来的好品德之一。

就这样，雷锋终于如愿入伍了！

第十章

新兵风采

人的生命是有限的，可是，为人民服务是无限的，我要把有限的生命，投入到无限的为人民服务之中去。

1960年1月8日下午3点30分，运载新兵的军用列车缓缓开进工兵十团所在地的营口站。

十团官兵在团首长带领下，提前排列整齐的队伍等候在车站的月台上。车一进站，月台上的锣鼓就响成一片，“热烈欢迎新战友”的口号声此起彼伏。

列车刚刚停稳，戴明章便迫不及待的第一个从车梯跳上站台，向前来迎接的吴海山团长、韩万金政委敬军礼，同时按军队的《内务条令》要求，向两位首长做了报告：“团长、政委同志：新兵专列已安全到达，沿途没有发生任何事故，报告完毕。请指示。”

这时，新兵营的荆悟先营长、李恒基教导员也相继跳下了车厢。吴海山团长和韩万金政委亲切地向他们道一声：“同志们辛苦了！”

这是工程兵十团的军营大门，两个头戴钢盔、戴白手套持枪的哨兵威严地肃立着，与此形成鲜明对比的是欢迎新战友的热烈和欢庆的气氛。两行战士分列进门道路的两侧，队伍里打着欢迎新兵的红色的横幅，机关干部也在大门里边的两侧站着。敲锣、打鼓、吹喇叭的都是老兵。新战士们排着队过来了。一个个新兵，掩饰不住喜悦、激动的心情。雷锋拎着他的红皮箱和包裹走在队伍里。靳悟先营长把他单独叫出列，带到团政委韩万金和团长吴海山面前。靳营长向韩万金和吴海山一一敬了礼，韩万金还礼后说："老靳，你辛苦了！"靳营长回头指着雷锋向团首长汇报："我说的那个特殊兵就是他，在车上已经被大家推选为新兵代表了。"

韩万金和吴海山以欣喜的心情打量着雷锋，雷锋的个子明显比别人矮，小号军装穿在他身上，还显肥大，特别是他拎着的红皮箱，还有他帽子底下露出的"刘海儿"，特点鲜明，稚气而又可爱。韩万金望着站在他面前的雷锋，问："你叫什么名字？"

雷锋放下红皮箱，敬了个礼："报告首长，我叫雷锋！"雷锋的湖南话，加上人声嘈杂，没让韩万金听得很清楚，他又问了一遍："叫什么？"雷锋大声地回答："雷锋，打雷的雷，冲锋的锋！"韩万金这回听清了，很满意这个新兵如此的回答。吴海山对雷锋说："好！你的名字好响亮啊！"靳悟先向首长汇报了，就是这个雷锋一会儿要代表新兵在欢迎大会上发言。韩万金对雷锋说："一会儿开大会，你要代表新兵讲话，有准备吗？"雷锋响亮地回答："首长，我有准备！"雷锋由于激动，把"首长"和"有准备"连在一起说了。韩万金由于喜欢这个新兵，竟和他开起玩笑："首长当然有准备，我问你是不是有准备？"雷锋涨红着脸，一本正经地回答道："报告首长，新兵雷锋有准备！"韩万金说："有准备就好，入列！"雷锋声音响亮地回答："是！"说完，拎起红皮箱，跑上几步，跟上了队伍。韩万金和吴海山还在望着雷锋远去的背影。靳营长问："怎么样？"韩万金故意打哑谜："什么怎么样？"靳营长已经知道首长对他们把雷锋带回军营是满意的，是赞成的，心里的一块石头终于落了地。

三个新兵连陆续下车后，迅速地整顿好了队伍，由团值班员指挥，按新兵队伍在前，老战士连队在后的顺序走出车站，直奔团里的大操场，就在那里举行热烈欢迎新战友的大会。

会上，吴海山团长代表团党委、团首长及全团官兵讲了话，老战士代表、四连班长任佐芝也发了言。之后，到了新战士代表发言的环节了，只见雷锋从新兵队列里沉着、从容地走出来。他走上主席台，先面向主席台上的几位首长敬了个礼，又面向会场上的新老战友敬了个礼。

"敬爱的首长和老大哥们，现在我代表新战士讲话。"刚开了个头，他手上准备好的讲稿，就被风吹乱了，一时怎么也平展不了。主持人担心他讲砸了，正想帮他摆弄一下，战士的上衣是两个兜的，很小，在上端。只见他把讲稿一团，塞进了裤兜儿，冲着话筒竟然来个即席发言。

"我们这些新战士，能在这个时代，穿上军装，扛起枪杆，心里都有一种说不出的激动之情。我们当中有工人，有公社社员，也有学生，来自四面八方，可我们的心是凝聚在一起的，那就是学好本领，保卫祖国，做一个合格的战士。刚才团首长讲话，希望我们人人争当‘五好战士’。依我说，有在座的首长教导，有老同志帮助，莫说五好，十好八好的，也不在话下……”

讲到这里，台上的首长和台下的新老战友们都忍不住笑了，为雷锋的幽默和对部队正规提法的不熟悉而发出阵阵笑声。雷锋此时还蒙在鼓里，一时间显得有点慌乱，但他很快就镇静下来，嘴巴往前凑了凑，瞪着眼睛说：“大家笑什么呀，我讲的全是实话！”他转身向团首长敬了个军礼，全场响起一片热烈鼓励的掌声。雷锋从容地走回到新兵的队列里。在台上，吴海山团长高兴地说：“好，这个小战士个头不高，讲起话来蛮有精神！”韩万金政委也夸赞地说：“好，讲得好！”

根据团首长的指示，戴明章在雷锋入伍的最初几天，专程去辽阳为几名入伍新兵团员办理组织关系的转换手续，更主要的任务是补办雷锋的政审材料。他把有关雷锋政审方面的情况弄清楚并补办之后回到团里，在参谋长、政治处主任和相关的宣传、保卫部门参加的汇报会上，他把雷锋档案的情况，及弓长岭矿当初为什么不出具政审表的过程，以及李书记舍不得雷锋走等，一五一十做了详细介绍，这才解除了大家的疑虑。首长和同志们都觉得雷锋是一个“好苗子”。他参军前，在鞍钢化工总厂和弓长岭焦化厂的一贯表现，充分证明了他的政治思想基础好，在部队这座大熔炉里，一定会炼成一块“好钢”。

雷锋进了军营，感觉自己进入了一个崭新的境界，开启了人生的新天地。来到部队的头一天，雷锋启用了一个新的日记本，在第一页写下了这样的字句：

今天是我永远不能忘记的日子，也是我获得最大荣幸和光荣的日子。我走上了新的战斗岗位，穿上了军服，光荣地参加了中国人民解放军。我多年来的愿望在今天实现了，真感到万分的高兴和喜悦，这是我一生最大的幸福。

在党的正确领导下，在革命的大家庭里，我一定要好好地锻炼自己，在入伍的这一天，我提出如下的保证：

一、听党的话，服从命令听指挥，党指向哪里，我就冲向哪里。

二、加强政治学习，多看报纸和政治书籍，按时参加部队各种会议和学习，积极宣传党的政策……不断提高自己的政治思想觉悟。

三、尊敬领导，团结同志，互帮、互爱、互学。

四、严格遵守部队的一切纪律，做到虚心向老战士学习，刻苦钻研，加强军事学习，随时准备打击敌人。

五、克服一切困难，发扬长辈优良的革命传统。我要坚决做到：头可断，血可流，在敌人面前决不屈服、投降。我一定要向董存瑞、黄继光、安业民等英雄学习。

在 3 月 10 日这一天，雷锋在自己的日记中写道：“在今天的电影里，我了解到英勇的革命战士黄继光的故事。他为了党和人民的事业，为了人类的解放而献出了自己最宝贵的生命。他这种为了党和人民的事业而牺牲的崇高精神是值得我永远学习的。”

在后来的日子里，雷锋读到《黄继光》这本书，他写下了发自内心的感动：

《黄继光》这本书，我不止看过一遍，而且是含着激动的眼泪，一字一句地读了无数遍，甚至我能把这本书背下来。每当看完一遍，我就增加一分强大的力量，受到的教育也一次比一次深刻。它对我的启发和鼓舞极大。英雄黄继光之所以能为人类的解放事业做出伟大的贡献，是因为他有高度的阶级觉悟，对敌人恨之入骨，对党、对人民、对革命事业无限忠诚。我要学习黄继光那种坚定的无产阶级立场；学习他勇敢坚强的革命意志；学习他的高贵品质；学习他关心别人比关心自己为重；学习他兢兢业业为党工作的精神；学习他勤劳朴实的性格；学习他谦虚好学渴求进步的精神；学习他为祖国为人民英勇战斗的精神。现在我是普通一兵，对党和人民没做出什么贡献，但是我有决心，永远听党和毛主席的话，紧紧跟着党和毛主席走，永远忠于党，忠于人民，兢兢业业为党工作一辈子，老老实实为人民服务，坚决完成黄继光未完成的事业。我随时准备献身祖国，必要时，我一定像黄继光那样，贡献自己的生命，做祖国和人民的好儿子。

在他日记本的扉页上，贴着英雄黄继光的像，在空白处，雷锋写了这样一段誓言："我永远向您学习，英雄的战士黄继光！为了党和人民的事业，就是入火海上刀山，我也心甘情愿，头断骨碎，身红心赤，永远不变！"在朝鲜战场上，黄继光用胸膛堵住了敌人的枪眼，他和手托炸药包舍身炸掉敌人碉堡开辟胜利道路的董存瑞一样，成为人民战士的学习榜样。翻开雷锋入伍后的第一本日记，能看到当年他的真实感受和心声。

在营口的营房里，雷锋开始了新兵的生活。从老百姓到军人，这一道坎儿，每个新兵都要翻过。

新兵的宿舍，火炉烧得旺旺的，令人感到严寒冬日里的温暖。

以往当工人的时候，那只红皮箱就放在床铺底下，可是在这新兵连，随身带来的箱包，一律都得放进储藏室，东西不能随便乱放。在新兵连连长、指导员、排长、班长的帮助下，褥单被抹得特平，新发的黄被子，叠得四四方方，棱角分明，成了名副其实的"豆腐块"。衣、帽、鞋、挎包、脸盆、牙缸，也都各有其位，摆放得井井有条。

入伍前，雷锋总爱戴帽子，露出额前的"刘海"。当兵了，这"刘海"就违规了。有一回，刚进营门，雷锋撞见了负责行政管理的副团长，这位副团长一眼就看到了他的帽子和额头的刘海，说他男不男女不女，有碍军容。责令他立即把帽子戴正，把头发剪短，前面的头发要塞进帽子里，不能露出来。雷锋一一照办，丝毫不含糊。

基础训练的课目第一个就是队列。即便是最伟大的将军和元帅，军旅生涯正规的第一步，也是在班长的口令下迈出去的。

雷锋个儿小，列队站在末尾。立正、稍息、报数、看齐，各种转法、走法，一招一式都做得干净利落，受到了老兵薛三元班长的称赞，说雷锋是一个标准的战士。

对于雷锋来说，难度在另一个课目上：投弹。手榴弹投掷要求投得远，投得准。投到35米及格，40米良好，50米优秀。个儿小，身体单薄的雷锋在这个课目上不占优势。

这是个冬天的早晨，大操场上树立着“苦练杀敌本领，誓死保卫祖国”的大字标语牌，新兵连正在组织投弹训练。

下雪之后，风依然很大，而且特别寒冷。

班长薛三元组织全班按高矮个儿排成一列，从大个儿试投。庞春学一出手，对面记成绩的战士就高喊：“51米！”庞春学嘿嘿地笑着，骄傲地摇着胳膊。众人惊喜，大声叫好。于泉洋投了个36米。乔安山弯弯腰，活动一会儿，投了个38米。他不相信他只能投这么点儿米数，自己跑去看了看，不服气地要求再重投，没能获准。

薛班长喊：“雷锋出列！”

雷锋从班长手里接过教练弹，运足了气，使大劲扔了出去。对面报成绩的战士喊：“28米！”雷锋戳在那儿，傻了眼。全班战友鸦雀无声，薛班长眉头紧皱。队列里开始了悄悄地议论。庞春学说：“我早说过，是条件问题。”于泉洋问：“什么条件？”庞春学说：“自然条件呗。身体条件不行，个头儿在那儿摆着。”于泉洋说：

“这可怎么办呢？”乔安山看着雷锋，给他打气：“别怕，再练习一下吧！”班长无语，欲往回带队伍。雷锋喊一声：“报告！”接着请求：“我再试试！”他没等班长回答就跑到前面，抓起一颗教练弹，咬牙侧身，铆足了劲儿投了出去。他自己跑去看。乔安山关切地问：“多少啊？”雷锋蔫蔫地回答：“27 米。”于泉洋说：“还不如刚才那下子呢！”庞春学说：“个儿小属于‘自然灾害’，得多练习啊！”乔安山没吱声。雷锋不服输地说：“班长，让我再投一次！”薛班长说：“好了好了，不要再投了。入列！”雷锋答：“是！”薛班长喊着口令：“向右——转！跑步——走！”队伍“咔咔咔”地走了。

晚上，在新兵连的寝室里，薛班长看着雷锋说：“咱班投弹能不能过关，就看你的了。别人问题都不大。你看庞春学、乔安山、于泉洋，哪个不比你壮实？也难怪，你这么单薄，不容易，拉全班后腿的除了你就没有别人了。先天的条件也可以通过后天的努力去改变它，你得抓紧时间练习。我重点帮你。”雷锋直点头：“班长，我明白，我明白。”

皓月当空，映照着夜幕下的军营。悠扬动听的熄灯号刚刚响过，营房的窗口一盏盏灯光逐渐熄灭，只有月光轻轻洒入这寂静的营区。

在进入了夜间作息时间的新兵连寝室里，一张床上，有个人辗转反侧，难以成眠。他就是雷锋。

雷锋悄悄爬起来，穿上棉衣，戴上棉帽，拎上一颗教练弹，悄悄走出寝室的门，走向月光下的大操场。

整个大操场，只有他一个人。他投弹，投过来，自己跑过去捡弹，再跑回去。他又投弹，投过去，又跑过去再次捡弹，然后再跑回去。

雷锋在有沙坑的单杠训练场，独自一人做引体向上，一个、两个、三个、四个、五个……雷锋做到第六个就不行了，不得已再次重来：一个，两个，三个，四个……雷锋做不下去了。他恨自己，不停地捶打着自己的胳膊。

练习了好长时间，雷锋才悄悄回到寝室，他钻进被窝，打开手电翻看日记本，在日记本上写了两行字：

愿你做暴风雨中的松柏，

不做温室里的弱苗！

第二天早晨，嘹亮的起床号声骤然响起，雷锋穿衣后急速地往外跑，他手里攥着一枚教练手榴弹。薛三元班长问他："雷锋，你去干什么？"雷锋回答："练投弹。"班长说："今天早上跑5公里，你不要去了，指导员通知你出黑板报。"雷锋恋恋不舍地放下了教练手榴弹。他整了整军装，来到连部。在门口喊了声："报告！"里面回应："进！"雷锋推门进来，他想给指导员敬礼，右手臂明显抬不起来了。

指导员心疼地说："看看，礼都敬不好了吧？练得过于猛了吧？"

雷锋不好意思地问："昨晚……指导员，您知道了？"指导员笑笑："浑身的劲儿要均匀着用，一锹挖不出一口井来，一口吃不成一个胖子，一宿也练不成一个投弹能手。要按客观规律来。如果实在因客观原因投不及格的，也不必有负担。在困难面前不退缩、不服输的精神，比什么都重要。渡过了难关，就是一个光荣的革命战士了。你遇到的困难，也是许多新战友都遇到的或都会遇到的。来，咱们搞一期黑板报，专门针对训练中的这个难题。我这里有一点儿报刊文章剪贴，给你做参考，中心意思是帮助大家渡过难关，不要被困难吓倒，也不要蛮干，用正确的观点和科学的方法对待困难。给，拿着！”指导员交给雷锋一叠资料，还有彩色粉笔、黑板擦。雷锋精神抖擞地答了一声：“是！”然后他接过资料和粉笔等物，又要抬起那只已肿胀的胳膊敬礼，指导员按住了他的手，没让他把右手举起来。

晚上连队自由活动时间，连队营房外面耸立着一块大黑板，战士们兴致浓浓地围着黑板报看。雷锋却悄悄从连队宿舍走出来，走向了月光下的大操场。只有他一个人在这儿练投弹。他投来投去。投一次，跑过去看看；再投，再跑过去看看米数。

远处，熄灯号响了。他像是一点也没听见似的，仍在投，越投兴致越高。雪花从天上轻轻地飘落。雷锋似乎毫无察觉，仍在大雪中投弹。薛三元班长不知什么时候来了，站在一边看着他。等他又一次投掷完毕，跑过去捡弹时，早有另一只手把弹捡了起来。雷锋抬头见是班长，激动地喊了一声：“班长！”

班长亲切地问：“你没听见熄灯号吗？”雷锋惊讶地说：“没有啊！这么快就到熄灯时间了？”班长告诉他：“现在又过去一个小时

了，快回去休息。”

雷锋明显是在练的兴头上，恳求地说：“让我再练一会儿吧！”

班长严肃地说：“不行！作息时间是法规，不能违反，快去睡觉！”

雷锋严肃地回答：“是！”他捡起教练手榴弹。在往宿舍走的路上，班长问：“有点进步吗？”

雷锋用袖头擦着脸上的汗，欣喜地说：“眼看就过 30 米了！”

又过了几天，新兵在操场观看全班教练手榴弹试投，依然是按大小个儿排列。轮到雷锋，他很干练地把弹投了出去。对面报成绩喊：“33 米！”大家都给他鼓了掌。庞春学也赞扬他：“真看不出来，你进步挺快的啊！”乔安山鼓励他：“行，超过及格标准了！”薛班长欣喜地说：“你再加把劲，实弹投掷时候别掉下来，全班要消灭不及格！”雷锋爽快地回答：“放心吧，班长！”

这是新兵连一次野外实弹投掷，30 米处有一个“敌堡”，前面有一条沟，“敌堡”是用白灰画的一个大圈儿。

战士们投的是有声响但不伤人的仿真教练弹，每人一枚。这次顺序是从小个往大个排列。

班长喊：“雷锋出列！”

雷锋答：“到！”说完跑步来到投掷线上，运足了劲儿，用很标准的姿势把弹投了出去。

手榴弹在白灰画出的“敌堡”正中炸响。对面看弹着点的战士挥起小旗，大声报告：“优秀！”顿时，全班为他欢呼起来！乔安山还紧紧地把他抱起来。雷锋重重地打了个喷嚏，声音很大。乔安山关切地问：“小雷，你是不是感冒了？”雷锋说：“没事儿，没事儿。”薛班长走过去，摸摸雷锋的额头，心疼地说：“啊！还没事儿呢，这么烫人！”这肯定是风雪天在操场练投弹，出了一身汗，着了凉。

荆营长知道雷锋发烧之后，把卫生队值班军医请来了，诊断结果是感冒，给雷锋开了药。荆营长亲自倒杯水，让雷锋把药片服下去，又脱下大衣盖在雷锋的被子上。薛三元班长打了一盆热乎的水，把毛巾在水里投了投，拧了拧，然后放在雷锋额头上，让他快些降温。

“有病可不能硬挺着！”荆营长临走时，又嘱咐一遍，“好好睡一觉，出身汗就会好的！”

睡了一觉之后，雷锋感觉好了许多。

早上，雷锋要从床上起来，庞春学把他按住了：“班长说了，你必须休息。”乔安山给雷锋打来洗脸水，放在床头的一个木凳上，并把热水投过的毛巾，递给雷锋擦脸。薛班长打来一小盆病号饭——荷包蛋面条汤。他扶雷锋坐起来，给雷锋盛了一碗面条汤，汤碗里有一个白里透黄的荷包蛋，清汤里漂着葱花和香油珠儿。雷锋双手端着碗，两行热泪从眼里簌簌地流淌了下来……

他再一次想翻身起来，薛班长在他身边，让他躺下。薛班长告诉他，营长有交代，他的病好利索了，才能起来。

在 3 月初新兵训练结束的军人大会上，宣布新兵分配方案，明确了雷锋到运输连当汽车兵。在一般新兵看来，来到部队能学开汽车，那是多么理想的一件事啊！有人说：汽车兵是坐着走路、躺着干活，多棒啊！

就在这新兵分配方案宣布后的当口，雷锋向来福生指导员提出了一个问题："当汽车兵能上前线吗？"来福生反过来问他，你看过电影，没看见志愿军在朝鲜战场上，汽车兵拉着弹药往前线送吗？打起仗来，汽车兵当然要上前线啊！

在雷锋心里，只要打仗能上前线，当什么兵都可以啊。

在即将下老连队的那天，雷锋诗兴大发，在日记本上写了一首抒情的小诗：

小青年实现了美丽的理想，
第一次穿上了庄严的军装，
急着对照镜子，
心窝里飞出了金凤凰。
党分配他驾驶汽车，
每日就聚精会神坚守在车旁，
将机器擦得像闪光的明镜，
爱护它像爱护自己的眼睛一样。

雷锋结束新兵连的生活后，没能去运输连报到。这完全是因为他写的这首小诗带来的后果。

在新兵营解散前夕举行的文艺晚会上，有许多新战友展现了自己的才艺，有的唱歌，有的吹口琴，有的说笑话，有的来一段家乡小调，雷锋就把自己写在日记本上的小诗给大家朗诵了一下。

本来雷锋的朗诵也没有赢得比其他战友更多的掌声，朗诵完也就过去了。却未曾料到，当时，俱乐部主任陈广生在观众席上坐着。俱乐部主任在部队里是一个活跃人物。俗话说：迎来送往，说拉弹唱，带头鼓掌。说的大概就是这个角色使命的一部分。雷锋朗诵的时候，陈广生主任注意到，他朗诵得感情很专注，很投入，尽管普通话不是很标准，可看出来这是他本心的体现，是从内心发出来的声音。并且这首诗是他自己写出来的，说明这小伙子挺有才气的。

十团在1960年就制定了训练大纲，是全年进行的军事训练，可是接到上级的指示，需要移防抚顺，参加社会主义建设，要协助地方建一座钢厂。大部队已经去了，解散前的新兵营和留守的少量官兵还在营口。

雷锋正在收拾东西，新兵连通信员来找雷锋："指导员让你去一趟。"

雷锋问："你知道是什么事儿吗？"

通信员说："团部刚才来电话，让你留下来参加战士演出队。"

雷锋不明白部队还有这么一个单位，疑惑地念叨着："演——出——队？"

在20世纪60年代初期，部队群众性文艺活动中很重要的一点，是有战士业余演出队。这种业余文艺团体，围绕着部队的中心工作建立和开展活动，军、师、团三级一般都建立演出队，宣传本部队的模范典型、好人好事，宣传当时的政治时事、方针政策，活跃部队文化生活，密切军民关系和军政关系。兵写兵，兵演兵，吹拉弹唱，形式多样，道具简单，一专多能，闲时成立，忙时解散，为巩固和提高部队战斗力服务，也是发现和展示文艺骨干才能的一个平台。

雷锋所在团战士演出队的排练场，就是团俱乐部年久失修的破旧舞台。大幕关闭后，打着天灯。台上有一些凳子，还有一些简单的道具。30 名战士演出队员围成一个不规整的半圆儿，有坐着的，有站着的，雷锋坐在一条凳子上。他们在听陈广生主任做动员报告。

陈广生说："部队移防走了，留下一部分人做善后工作，团首长决定成立我们这个演出队，赶排一台节目，代表全团官兵，向地方党政机关和人民群众告别。还有，就是团里的一些干部家属，不少是驻地附近几家纺织厂的职工，她们走不了。我们要向这些干部家属的单位作几场答谢慰问演出，加强军民军政关系。这件事意义重大，不能轻视。这次临时组成的演出队成员，不论老兵新兵，大家都是文艺骨干，要团结协作，齐心协力，把节目尽快排出来。大家有没有信心呀？"

众人回答："有！"

陈广生接着说："这次我们演出队生活条件差一些，一是因为国家正处在经济困难时期，部队供应紧张；二是因为不能单独立伙，要和留守处的十几个干部搭伙吃饭，就那么一个炊事员，他也忙不过来，吃好吃坏，大家别挑剔啊。"

电影组组长赵纯业递给陈广生一张纸，陈广生拿着这张纸，继续动员："这次角色分配，我们采取一个新办法，八仙过海，各显其能。自己想上哪个节目，就可以报一下，我们统一权衡后再定下来。我们的节目有前两年参加军区工程兵会演获奖的保留节目，有从外头选的传统节目，也有新编的，凑一台晚会是没问题的。一共有十几个节目。"陈广生说了一下都有哪些节目，让大家酝酿一下，请大家自告奋勇，决定自己想进入哪个节目。

陈主任话音一落，雷锋迫不及待地举起手，就像他在焦化厂征兵动员的会上抢先发言一样。陈主任很喜欢他的爽快，点他的名："雷锋！"

雷锋站起来，说："我报群口词一个，诗朗诵一个，还有，还有小合唱，还有……"

一个队员嘲弄地："行了行了，你想一个人全包了？"众人笑。

雷锋说："那就，那就，这几个吧！"众人又笑。

俱乐部主任陈广生兼任演出队队长，住在挂着"九连连部"小玻璃牌的一个屋子，门上贴着"战士演出队队部"字样的红纸。雷锋拎着一个竹皮暖壶敲门。里面喊："请进！"雷锋推门进去。陈广生正和赵纯业研究角色分配问题。

雷锋给陈主任倒水时说："主任，全演出队就这一个暖壶，也不够大家喝的呀！早上在伙房打一壶水，几十口人够谁喝的？"

陈广生说："演出队喝开水的问题，是得想想办法，应该解决的时候了。”

赵纯业说：“小雷，我和陈主任这屋有个空床，陈主任说了，让你搬过来，你住的那个屋太挤了。”

雷锋高兴地说：“好的，正好我还能给你们当通信员！”当通信员简直成了雷锋专门的职业。在家乡，他给乡里的彭大叔当过；在望城县委机关大院里，他给张书记当过；在辽阳征兵办公室，在新兵营，他也当过；此时，又一次尽显他勤快服务的本事。

陈广生说：“小雷呀，你报了三四个节目，是不是太多了点儿？忙得过来吗？”

雷锋说：“没事儿，我记性好，保证没问题！”陈广生说：“那就试试看，可别给我砸锅！”

赵纯业持怀疑态度，但没吱声。

晚上，演出队走廊尽头，陈广生端着茶杯走过，见一人背影，那是雷锋拿着几张纸在背词儿。

夜里，陈广生和赵纯业都已睡下，雷锋伏在床上，打着手电看台词，嘴里叨叨咕咕的。

拂晓，天刚蒙蒙亮。在操场的双杠上，雷锋两腿骑在上面，双脚悠荡着，嘴里仍在背词儿。

早晨，九连移防后的空营房，成了演出队员的宿舍兼排练场。

赵纯业在导演排练节目，他说：“站好了，咱们把群口词《开训第一天》的词儿对一下。小杨，从你开始。”小杨说，“时间如箭”，雷锋接着说，“转眼又是一年（雷锋把“一年”读成“一连”）”，赵纯业摆摆手说："停！雷锋，一年，记住！是一年，不是一连！"雷锋有点紧张地背着台词儿："转眼又是一连……"赵纯业继续辅导他："一年！一年！"雷锋说不出来。赵纯业不满地说："好了，下去自己再好好练练。"

这天下午，演出队的队员们都在大幕落下的舞台上排练节目，有的队员跟赵纯业说："组长啊，一点开水也没有，嗓子都冒烟了呀！"有的说："早上吃完饭打那点开水，端着碗走二里地，到这儿都凉透了。"赵纯业劝慰他们说："忍耐一下，坚持一下。就这么个条件，咋整？陈主任找过领导，领导说，你们那么点人，一共不到20天，独立开什么伙？咱们只好凑合凑合了。"

接着，赵纯业开始导演诗朗诵："下面这个诗朗诵《老刘的故事》，是描写抗日战争中一个平凡英雄的故事。大家要怀着一种敬仰和怀念的情感。小李，从你开始，排第四小节——"小李开始朗诵，"田野已经荒芜"，有人接，"天空也似悲哭"，雷锋感情投入地接着，"硝烟刚刚飘过这片陈旧（他把'陈旧'读成'成就'）的茅屋"，赵纯业直喊："停！停！什么'成就'，是'陈旧'！"雷锋默念道："成就、成就……嗨！陈旧、成就……队长，让我再练一练，我这普通话，唉！让我自己再练一练。"赵纯业有些不耐烦地说："好吧，散了！十分钟后再集合！"大家散开，雷锋一个人跑到侧幕条后面，练他的"陈旧"去了。

晚上，回到演出队队部，赵纯业向陈广生反映："我看把他撤换下来得了，九个人的节目，他在里面搅和，不大合群。他的节目又多，词倒是背得挺溜，就是他的湖南腔调一时改不过来。有的地方还有方言出现。主任，别犹豫了，换人吧！”

陈广生说：“算了，人家那么热情，费那么大劲儿把词儿都背下来了，你不让人家上，不好吧？咱又不是前进歌舞团、抗敌话剧团，要求那么高，能凑合就凑合吧！你这个导演多加强点辅导就有了！”

赵纯业不同意：“才不是呢！当初就不应该答应他上那么多节目。我得去看看独幕剧改词改得怎么样了。”

陈广生说：“行，你去吧！”

灯下，陈广生正在改写节目，有三个演出队员敲门进来。

陈广生问：“你们有什么事？”

三个队员中的一个说：“我们要求领导动员雷锋不要上这几个节目了，他的湖南口音太重，和我们东北普通话怎么也合不到一块儿去。”

陈广生：“啊，你们几个老骨干一起来，是不是赵纯业打发你们来的？是他幕后指使的吧？”

三个队员解释道：“不是，绝对不是！我们是为了演出的整体效果，是为集体荣誉着想。”

陈广生说：“我已经和赵纯业说过了，先不动。不能随便打击一个同志的积极性。咱们不是专业文艺团体，是业余的，业余演出就不能那么多讲究。业余就是业余，咱们尽量往好里搞。这个问题我再想想，你们先回去吧！”

三个队员怏怏不快地离去。这时，赵纯业急急地走进屋来，对陈广生说："主任，诗朗诵的九个人中午因赶排节目吃饭去晚了，饭凉，菜也凉，吃了一肚子气，和炊事员吵了一架。闹得很不愉快。炊事员把事捅大了，要撂挑子。"

陈广生下决心地说："看来，咱们再忙也得轮流排班儿去帮厨了。"

赵纯业同意，说："这个，我来安排。"

陈广生说："小赵，我正要找你，雷锋上节目的事，你看到底怎么解决才好？"

赵纯业说："现在是进退两难。让他上吧，影响其他人的积极性，节目质量也要受影响；不让他上吧，他实在是太积极，太用功了！真不忍心挫伤他的积极性，给他的热情浇冷水……"

这时，雷锋敲门进来，向陈广生敬了个礼，喊一声："报告！演出队队员雷锋（他读'雷哼'）有个事情请示！"

陈广生笑了，嘱咐他："记住，是'雷锋'的'锋'，发音是'刮风'的'风'，不是'哼哼呀呀'的'哼'。"

雷锋认真地说："雷锋有个事情请示！"

陈广生让他坐下："慢慢说。"

雷锋请示着："主任，我要求把我从节目中全部撤换下来！"

陈广生与赵纯业对视一下后，说："这个事嘛……"

雷锋果决地说："主任，你们别光为我一个人的面子着想！演出效果好坏是演出队的大局。为了大局，我不会有什么想法的。今天我就愉快地打背包回连队。请领导放我走！"

陈广生笑笑说："你不是闹情绪吧？"

雷锋笑着说：“你看我这样儿，像闹情绪的吗？”

陈广生说：“小雷，是我把你从新兵连调来的，我不能这样不明不白地让你回运输连。现在，运输连在抚顺，让你一个人坐火车回连，我们不放心，也不合适。我看你就留在演出队，等这边演出完了，咱们一块去抚顺。只是在这里，你就‘失业’了。”

雷锋胸有成竹地说：“我肯定不会‘失业’的！”

清早，舞台排练场上，雷锋一人在用拖布拖有灰尘的地板。这排练场面积很大，他拎着水桶，拖一块，挪一下，把拖布头放到水桶里，涮几涮，拎出来再拧干。

早上，在演出队员的宿舍，大通铺上一溜背包，演出队员们都排练节目去了，雷锋一个人在整理内务，把搭毛巾绳子上的毛巾弄成一线，搭法统一；把每个人的腰带在背包前一顺儿摆放整齐；用小笤帚清扫一个个白床单。

上午，在留守处伙房里，雷锋一边帮炊事员择菜，一边唠嗑，他跟炊事员说：“我们演出队一掺和进来，可把你累坏了。一下子多出这么多人吃饭，开饭的点儿还不一致，你们够辛苦的！”

炊事员略感宽慰地在淘米：“都像你这么想就好了，其实你们也不容易呀！”

雷锋见伙房墙角放着一把废弃的铁皮水壶，顺手捡起来，问炊事员：“这铁壶能用吗？”

炊事员说：“能用。只是暂时没用处。”

雷锋说：“那就先借我用用。”

下午，在演出队宿舍外面的背风墙角处，雷锋捡来一些破烂：有那把旧的烧水铁壶，一些破砖头、破木头、废报纸、树枝、铁丝等。

排练场传出的《百鸟朝凤》的唢呐声悠扬悦耳。

雷锋蹲下来，用红砖头砌了一个小炉灶，他把破木头劈一劈，把树枝撅一撅。经他擦洗过的铁水壶焕然一新。水壶放在炉灶上，他迎风点火，一次次点，点了几次终于点燃了。火光映照着雷锋那张年轻热情的圆脸。他不断地往火底下，添加树枝和木头，火呼呼地燃烧着。

演出队排练现场，赵纯业在导演小合唱《辽河边有一群能干的好军嫂》。他起头唱："辽河边有一群能干的好军嫂，预备，唱！"众唱：

辽河边有一群能干的好军嫂，
心又红来手又巧，
家里的担子一人挑，
支持丈夫把国保……

这时，雷锋拎着冒着热气的水壶来了。赵纯业下令："休息十分钟！"雷锋喊："水来了！"演出队员们把自己的水碗、杯子、搪瓷缸拿出来，摆了一溜。雷锋把这些全都倒满。有人端起来抢着喝一口，惊喜地说："呀，终于喝上开水了！"另一个演出队员大声喊道:“这里还泡了胖大海!”雷锋说:“喝点胖大海对嗓子有好处。”有人问:“哪儿来的胖大海?”雷锋说:“这你就别管了!”接着，众人七嘴八舌地冲着雷锋说:“谢谢你!”赵纯业夸赞说:“雷锋，真有你的!”

晚上，陈广生仍在住处改节目，雷锋进来给他倒水。陈广生夸奖说:“小雷，你果然没‘失业’啊!帮厨，缓解了演出队和炊事员的矛盾，伙食还有所改善;还设法给大家烧开水，自己掏钱买了胖大海，解决了困扰演出队的喝水问题。我代表全体队员感谢你!表扬你!”

雷锋挠挠头说:“这是我应该做的，表扬什么?还真想让我‘失业’呀!”

此时，一旁的赵纯业有点发愁地说:“陈主任，现在万事俱备，只欠东风。咱们一色的黄棉袄，都这样上台行吗?得想办法去借服装了，演工人的，演知识分子的，演农民的……”

陈广生说:“这好办，明天咱们到市剧团去借几套。”

雷锋说:“服装?还用借吗?我这有几件，不知能用上吗?”雷锋从床底下拽出红皮箱打开盖儿，陈广生和赵纯业围过来看。雷锋从里面拽出一套深蓝色作业服，说:“这是我在鞍钢开推土机时的作业服，只洗过几次，演工人肯定是正宗的吧?”陈广生点头说:“挺地道的。”雷锋又从里面掏出那件棕黑色皮夹克，他自己穿上一试:“看，像个知识分子不?”陈主任欣喜地肯定:“可以，可以。”赵纯业说:“小雷真阔啊，有这么漂亮的皮夹克，没见你穿过呀!陈主任，我看雷锋这两套衣服演工人，演知识分子不成问题了，可是农民兄弟咋办？”雷锋从床底下的脸盆里拽出一条白毛巾，说：“农民好办。穿上部队发的白衬衫，头上把这个一扎，演农民不成问题吧？”陈广生乐了：“你别说，小雷的主意真多啊！咱们发动演出队员，把自己带来的地方服装都拿出来看看，自力更生就可以把服装问题解决了。”

陈广生注意到雷锋的红皮箱里，除了几件衣服，还有许多书刊，书籍有几本毛泽东著作单行本、《湖南革命烈士传略》、《不朽的战士》等，杂志有《中国青年》《人民文学》《诗刊》等，他十分惊奇地对雷锋说：“你的书可真不少啊！”雷锋说：“我喜欢读书。”陈广生从皮箱里拿出一本《湖南革命烈士传略》，问：“这本书借我看看可以吗？”雷锋说：“当然可以，可你的书也得借给我看。”陈广生问：“什么书？”雷锋说：“就是你那本放在枕头边上的《鲁迅小说集》。”陈主任回手拿起书递给雷锋：“这是我在旧书摊上买的，鲁迅小说值得一读啊！”

清早，在演出队外面的墙角破砖头处砌成的炉灶里，柴火在熊熊燃烧着，炉灶上的铁壶在“咝咝”发响，水就要开了。炉灶旁，雷锋正在专心阅读《鲁迅小说集》。

夜晚，赵纯业已睡着。陈广生在灯下阅读《湖南革命烈士传略》。雷锋坐在床边阅读着《鲁迅小说集》。

陈广生回头对雷锋说：“睡吧，我要闭灯了。”

雷锋说：“等等，我再看一会儿。”

陈广生问："你现在读的哪一篇呢？"

雷锋回答："祥林嫂……"

陈广生说："《祝福》里的主人公。"

雷锋点点头，边点头边擦拭自己眼角的泪水……

在团俱乐部的舞台上，陈广生在教雷锋拉大幕："拉幕也要有感情，要和节目的情绪吻合。该快时不能慢，该慢时不能快。不要小看拉幕，人们情绪挺悲哀的，'唰'的一下拉开，就破坏了这种悲痛的气氛。人们高兴的时候，你慢慢拉，也不对。总之你要体会到节目的情绪需要，该快就快，该慢就慢。"

雷锋认真地点了点头。他一次次地拉开大幕，边拉边思考着与节目的思想内容吻合不吻合。

一天晚上，在营口海员俱乐部演出，诗朗诵《老刘的故事》刚演完，雷锋沉稳地拉着大幕，配合得很到位。观众一片掌声。陈广生满意地向他点头，他像个拉升落帆的船员一样，站在幕布后，紧紧地拽着幕绳，时刻在待命。

终于盼到演出队去抚顺工地演出的这一天了，这天接近中午时分，在通往抚顺的公路上，汽车上装载了演出队队员、道具和乐器。

汽车正在行驶着，进入了抚顺市区，雷锋突然在车厢上敲打起驾驶楼的绿铁皮，发出"嘭嘭"的响声。汽车停在路边上。

陈广生把头从副驾驶位的车窗伸出来，问："怎么回事？"

雷锋背着背包，拎着红皮箱，从车厢板上跳下来，说："主任，我看见一块路碑，前面不远就是瓢儿屯车站，听说我们连离这儿不远，我这就回连队去！”

陈广生开门下了车，对他讲：“已经进市区了，中午钢厂招待所准备了午饭，吃了饭再回连队也不迟嘛！”

雷锋说：“不了，过马路不远处就是我们运输连！”

陈广生说：“我总得给你们连的领导说说你在演出队这一个月的表现吧！”

雷锋直摆手：“不用了！不用了！只是你那本鲁迅的书我还没看完，再借我几天行吗？”他已经在掏那本书了，他准备在陈广生犹豫时立刻还给他。

陈广生爽快地说：“没看完你就接着看吧。对了，你那几件服装还在演出队，等演出完，我就还给你！”

雷锋说：“没事，你们先用吧！反正那衣服也都是压箱底儿的，我也是没有机会穿的！”

陈广生同意了雷锋的想法：“那你就回连队吧。回头我再给你们高指导员打个电话说一下。”

雷锋说：“好，再见！”说完向陈广生敬了个礼。

陈广生说了声：“再见！”又紧紧握住雷锋的手。

雷锋抽出一只手向车上的战友摆了摆，喊一声：“再见！”

车上的战友也向他频频摆手。雷锋背着背包、拎着红皮箱的背影，渐渐远去了。

第十一章

节约标兵

人的生命是有限的，可是，为人民服务是无限的，我要把有限的生命，投入到无限的为人民服务之中去。

战士业余演出队完成这一段的历史使命后，新兵雷锋回到了运输连报到。

营房附近的一片开阔的空地是运输连汽车训练场。一批下连的新兵眼巴巴地观望着一台嘎斯教练车在大空地上转圈儿。

接近中午时分，雷锋背着背包、拎着那只红皮箱向大家走来。乔安山最先发现了雷锋，他喊道："噢，雷锋回来了！"大家也都跟着喊起来："雷锋回来了！"他们把雷锋围拢起来，问长问短。

班长薛三元说："雷锋，你回来得正好，学开车不是个简单事儿，你耽误了 20 多天，好好学习一下。"

乔安山诉苦说："雷锋，你看这 30 多人就这么一台教练车，大家排号轮着上去把一个方向盘，猴年马月能轮到一次。连里还让我们尽快上工地呢，就这个训练法儿，门儿都没有啊！"

庞春学也急得不行："这可真够呛，没车开，教员在课堂上讲的那些空理论毫无用处。"

雷锋问：“你怎么不向上级反映呢？”

薛班长解释说：“连里也着急，一再请示，一再要求增加教练车，哪怕是增加一台呢。可是上面回答，工地那边也是车太紧张，那边少一台车，一天就少拉多少钢筋、多少水泥，那还了得！团里让我们死了这份心，还让我们懂得轻重缓急，懂得顾全大局。”

乔安山满腹怨气地说：“这么多新手学车，晚出徒一天，也是不得了的事情啊！”

班长薛三元拎起雷锋的背包，说：“见面就发牢骚，雷锋能给你们造台教练车？走，先回班休息。”

乔安山夺下雷锋手中的红皮箱，走向简易的新营房。

为了追赶上被落下的20多天，雷锋发扬了他的“钉子”精神，他先是把理论课补上，每天琢磨汽车的构造原理，用最快的速度掌握了汽车的理论知识。

一天下午，训练场上有一台教练车停下来，乔安山在把着方向盘练习开车。庞春学在下面喊：“下来，你下来！到点儿了！”乔安山问：“这么快呀，我刚开了一会儿。”庞春学打开车门，把手表拿给乔安山看。乔安山不情愿地走下车。雷锋向他走来，拿着汽车辅导教材给乔安山辅导。乔安山说：“你这一讲，我就明白了。雷锋，你讲述的比教员讲的都好懂啊！”

班长薛三元走过来，看见了这一幕，也听到了乔安山的话。薛三元问：“雷锋，你是怎么弄通的？”雷锋挠了挠头，说：“班长，这汽车和拖拉机、推土机，基本原理都一样，只是操作不一样，触类旁通嘛！”

薛三元说：“你干脆给大家当技术小组长吧，帮助大家学习理论知识。”雷锋高兴地承担起这个任务：“行啊，大家一块学吧！”

晚上，在运输连部指导员高士祥的宿舍里，高士祥给雷锋倒了一杯水，雷锋立刻从座位上站起来，高士祥又按住雷锋的肩膀，让他坐下。

高士祥笑着说：“雷锋啊，你还没到家，俱乐部陈主任就来电话了，说你在演出队表现不错，主动找活儿干，关心别人，还解决了演出队的服装问题。”雷锋说：“都是我应该做的。”高士祥说：“你去演出队这么多天，落下了不少的课程，我让汽车教员给你吃点小灶，好好补补课，你也多向先来的同志讨教……”

雷锋看到高士祥的桌子上有一个简单的小书架，有一二十本书，书架边上是一个精致的解放牌汽车模型，车身虽小，但是一个缩小的真车。雷锋的眼睛一直盯在这个模型上，注意力全在这个工艺品上面，高士祥的话他都没有听见。高士祥见他一直盯着这个汽车模型，便告诉他：“这是去年工程兵器材处带领我们到长春第一汽车制造厂参观工厂装配线以后，工厂送给我们的纪念品，让我拿回来了。”

雷锋仍目不转睛地盯着这个漂亮的汽车模型，似有所思。

高士祥说：“你这么喜欢，就送给你吧。”

雷锋摆摆手说：“不，指导员，我在琢磨新兵排的驾驶训练，这么多人，只有一台教练车，不够用。我想，我们能不能自己做一个汽车教练台，就像这个玩意儿似的，造个没有篷的驾驶室，有方向盘、离合器、操纵杆，因陋就简，全是仿造模拟，弄好了，等于造了一台教练车，除了开不走，操纵起来，和驾驶真车一模一样。”

高士祥说：“别说，你这个想法挺好的！”

雷锋不好意思地说：“这，还是你这个模型给我的启发和灵感啊！”

高士祥说：“好，我支持你试一下，需要什么器材，尽管到库房去找，我给器材员交代一下，给你开绿灯！”

晚上，自由活动时间。雷锋钻进一台嘎斯车的驾驶楼，打开里面的小灯，用笔描摹方向盘、油门和操纵杆，并弯腰细看离合器。他又到连队洗漱室，坐在一个板凳上，在水台上铺块木板当桌子，对照教材上的汽车图形，在一个有垫板的纸上勾画着什么。

乔安山来到他身后，不明白地说：“哎，你干啥呢？”

雷锋抬起头，告诉他：“画画呢。”乔安山问：“画什么呢？”雷锋笑着说：“画饼充饥呢。”

乔安山刨根问底追问他：“你得告诉我，兴许我能帮你一把。”

雷锋沉吟了一下，终于说了：“我想……”

天未亮，雷锋、乔安山、于泉洋，还有庞春学，都忙乎起来。雷锋带领他们制作模拟汽车教练台。他们有的在钉板子，有的在用铁剪子剪废铁皮，有的在安装操纵杆。

薛三元向他们走过来，问：“你们从哪儿弄到这么多破烂儿，叮叮咣咣地凿，把人都给凿醒了。你们违反作息时间，还不让别人睡好觉。雷锋，你给我说清楚，你们整的这是什么玩意儿？”

雷锋如实汇报：“班长，本来我们想弄成功了再向你报告。你看——”薛班长顺着雷锋手指的方向看去，在他面前呈现的已有初步模样的一个类似汽车驾驶楼的装置，他很惊奇，也很兴奋：“你们这是……”

乔安山说：“咱们训练时，人多车少，雷锋就想了这么个主意，我们想跟他鼓捣出这个玩意儿。”

薛三元很是赞成：“好呀，我误会你们了。这个主意挺棒的！你们的手艺还真不赖呢！”

庞春学自豪地说：“说啥呢？班长，不瞒你说，雷锋和乔安山都是鞍钢工人，什么活儿不会干哪？这点活儿，在他们眼里，张飞吃豆芽儿——小菜一盘。”

雷锋笑了：“行了，行了，大庞，别把牛皮吹破了。班长，你看哪儿不对劲，给指点指点吧。”

薛三元认真地巡视了一遍，并与雷锋切磋着怎么改进，庞春学和乔安山在一旁猛点头。

这天下午，雷锋带领他们试制的模拟汽车教练台终于耸立在连队课堂的一角，新刷的绿漆鲜亮耀眼。战士们围拢着观看。雷锋在上面做操作示范。乔安山把雷锋轰下来，他上去试了一把，说：“还行！这玩意儿练会了再上车，借不少劲，还省不少油呢！”庞春学也上去试了一下，汽车教练台晃晃悠悠的。乔安山喊：“你可小心点，像个大狗熊似的，别给整塌了！”于泉洋指挥着：“踩油门！向左！向右！换挡！三挡！二挡！”庞春学说：“挺过瘾，挺过瘾！”

不断有人上去测试。高士祥对薛三元说：“这个办法可以稍微缓解一下车少人多的矛盾。这是我给你们从团里要来的‘新车’。”薛三元说：“指导员，你‘官僚’了。这是雷锋他们做的。”高士祥眯着笑眼对薛三元小声说：“这还用你告诉我？这些材料都是我帮他们从库房弄来的。”

由于勤学苦练，雷锋很快就掌握了汽车驾驶技术，也学会了排除故障的本领，成为这批新兵中最早一个技术较为全面的驾驶员。

又是一天的早上，汽车训练场上，一位佩戴少尉军衔的汽车教员把一台崭新的汽车开到教练车旁。战士们跑来围观。庞春学问教员：“这是上级给咱的新教练车吧？”汽车教员说：“美的你！”说完就跑进了连部。乔安山说：“若用这台车训练就更带劲了！”庞春学模仿着汽车教员的口吻和口气说：“美的你！”于泉洋不解地问：“那，这是……”雷锋站在驾驶室的踏板上，说：“我看这台车绝对不是给咱们训练用的。”

上午，在新旧两台车附近，运输连新兵排集合，站成一列。指导员高士祥和连长虞仁昌站在队前，连长虞仁昌环视了一下新兵排的同志们，他说：“工地施工任务紧张，团部配备我们这台新车立即上工地执行任务。连里决定由雷锋同志担任这台 13 号车的驾驶员。”

说到这儿，他喊一声：“雷锋！”

雷锋在队列里回答：“到！”

虞连长命令着：“上车！去 751 工地。先由汽车教员带你去水泥厂拉水泥。”

雷锋精神抖擞地回答：“是！”说完和汽车教员钻进了驾驶室。

雷锋启动汽车，摇下车窗，与战友们告别。战友们为他送行，目光里充满了羡慕之情。

望着雷锋开走了的汽车，乔安山说："雷锋真是'后来居上'，比我们晚来20多天，人家倒提前开车上工地了。"

庞春学笑着说："不服不行啊！"

"五一"国际劳动节这天，午饭时分，抚顺钢厂751工地上一片繁忙景象。运输建材的车，一辆接着一辆地忙碌着。几辆车停在一块，几个汽车兵蹲在车头吃饭盒里的饭，雷锋也在其中。

只听一个战士说："今天是劳动节，还是疙瘩白粉条，一点肉星儿都见不到，这是过的什么节呀！"

一位少尉军官对他说："你就忍着点吧。"他端着饭盒，神秘地小声向大家传播一个传闻："听说，现在毛主席都不吃肉了！"他的声音极小，小得就像蚊子叫，但犹如一颗手榴弹爆炸，炸得大家哑口无言。那个嫌菜里没肉的战士傻了一般，立即哑口无言了。

雷锋顿时把饭盒盖上了，他半晌没出声，愍了一会儿，他认真地问那个少尉："你说什么？再说一遍！"少尉不明白他的意思，又说了一遍："现在咱们国家到了很困难的地步，听说毛主席都宣布不吃肉了。"

雷锋苦思冥想想不出答案，继续刨根问底："你不是造谣吧？"

少尉说："我造什么谣啊！这是咱们韩政委从北京进修回来给干部做报告时透露的，还一再说是他个人在北京学习时听到的，不要外传。"

雷锋更加迷惘，忧虑地说："我和毛主席是老乡，我家离韶山不过百八十里的路程。我们都知道毛主席他老人家爱吃红烧肉，毛主席都不吃肉了，可见我们这个国家困难到了什么程度！"

雷锋痛心地说着，眼泪都快涌出来了。吃饭的战友们被他的一番话感染得忧心忡忡的，都无心把饭吃下去了。

雷锋跑上驾驶楼，几个战友也都上了各自的车。雷锋狠踩油门，把车猛地开了出去。几辆车都是猛猛地开走，声音大极了。

傍晚，雷锋在钢厂招待所——临时团部一间办公室里，与披着褪色军大衣的韩万金敞开心扉交谈着。

雷锋急切地追问："政委，毛主席不吃肉了，这到底是真的吗？"

韩万金笑着反问："你这是听谁说的呀？"

雷锋说："反正是听说的，政委，这话到底是不是你讲的？"

韩万金说："是我讲的。前一阵子，我在北京解放军政治学院进修时，进修的干部来自天南海北，京城的内部消息也特别多。这个消息是在中南海工作的一位部队干部说的。还说毛主席和中央领导也都吃定量，毛主席一天七两粮，周总理也一样，朱老总是九两，朱老总饭量大，九两也很不够，他和康大姐在房前还种了菜，以副食补充主食的不足……我们的领袖和全国老百姓一起在咬牙共渡难关。雷锋啊，现在形势是严峻的，我们革命战士更要有骨气，要顶住，要经得起考验！"

雷锋已陷入"位卑未敢忘忧国"的情感境地，他沉思着，连声说："毛主席都不吃肉了、毛主席都不吃肉了"……眼睛里充满了泪水。

这天，还没吃早饭。运输连战士们在小仓房前排队领新军装，雷锋也在其中。连队杨丰普司务长在仓房门里向排队的战士们宣布：“今年新兵搞施工，为换洗方便，上级决定每个人发两套军装、一双解放鞋、一双袜子、一顶单军帽、一副列兵军衔。”

战士们一个挨一个，喜笑颜开地领新军装。领完军装的抱着一堆衣服走开。

排到雷锋了。雷锋说：“司务长，我有换洗的衣服，这套军装和这双袜子给国家节约了！”

杨司务长说：“雷锋，这军装、袜子，都是按数领来的，剩一套我怎么退回去啊！”

乔安山在雷锋身后，听到雷锋和杨司务长的对话后，说：“国家这么大，还在乎你这一套衣服、一双袜子啊？”

司务长把衣服和袜子推给雷锋：“拿着吧！”

雷锋坚决地说：“不，国家现在困难，一套军装虽微不足道，但是我的一点心意！我确实有换洗的衣服和袜子。”雷锋把那套军装和袜子推到杨司务长手上后，转身就走了。

杨司务长举起那双袜子说：“袜子，你也不要了？”

雷锋说：“我有袜子，我也会补袜子。”

杨司务长捧着手里沉甸甸的军装和袜子，望着雷锋迈着轻快的脚步渐渐远去。

乔安山也呆呆地看着雷锋的背影出神。杨司务长在喊：“下一个！”乔安山这才缓过神来。

吃过早饭后，连队饭堂里的人都走光了。雷锋从地上、饭桌上去捡掉下的饭粒儿、菜叶，都放到一个小盆里。然后走到连队伙房外的猪圈旁，把捡到的这一小盆饭粒和菜叶倒在猪食缸里。这项工作，他坚持每天都做。

一天晚上，雷锋往猪食缸里倒完了他捡来的饭粒和菜叶后，见锅台上有一小盆米饭的锅巴，他顺手拿起一小块，嘎嘣嘎嘣地嚼着。边嚼边走出门，见到了端着大盆往里进的炊事班长。炊事班长不咸不淡地说了一句："雷锋啊，自觉点啊，随便拿东西吃啊？"

雷锋一愣，退了回去，把手中的锅巴悄悄地放回到那个装锅巴的小盆里，说："对不起啊！"

炊事班长自觉失言，抓起一块锅巴塞到雷锋手里。雷锋笑笑，把锅巴放回到锅台上的饭盆里，不经意间看见水泥砌过的锅台有裂缝儿，砖都漏出红色来了，他用手摸了摸那道裂缝儿，若有所思。

午休时间，雷锋蹲在营房墙根儿，抱一捆做扫帚的糜子。杨司务长从这儿走过，感觉很奇怪，问："雷锋，你弄这玩意儿干啥？"雷锋笑笑说："我有用。"

傍晚自由活动时间，雷锋捡了一个军用压缩饼干铁盒子，用剪刀剪掉盒盖儿，又用锤子敲打着。炊事班长从这儿走过，不明白雷锋要做什么，问："雷锋，你敲打这玩意儿做啥？"雷锋笑笑说："我有用。"

早上，车队出发上工地。雷锋坐在驾驶位置上，乔安山是他的副手，发现脚下有扫帚和铁撮子。乔安山问："车上带这玩意儿干啥？”雷锋神秘地笑笑，说：“我有用。”

雷锋驾驶的汽车停在一个仓库门前，工人和战士们在卸车上的一袋袋水泥，雷锋和乔安山也伸手帮工人和战士卸车。

傍晚，在连队车场，几辆车车头整齐地停放在一条白线上。雷锋跳到边上的一台车上，他用他编的扫帚，把车厢板上的水泥面扫到他自制的铁撮子里。乔安山也跳上车帮助清扫，他感慨地说：“原来你是要回收撒在车厢上的水泥呀！”

雷锋扫完这个车厢板，又跳下车，跳到另一个车厢上去扫。乔安山跟在他后面跳上跳下，与他一起清扫。

车场对面，连队仓库外雨搭下，放着几只空汽油桶。晚上，雷锋把扫出的水泥倒在其中一个破旧的铁桶里。杨司务长从铁桶旁边走过，他对雷锋说：“噢，这就是你说的用处啊？”

一次次车队出发，一次次车上运输水泥袋子，一次次卸车，雷锋一次次扫车厢板上的水泥面子，雷锋把水泥面子一次次倒进那个雨搭下的铁桶里。

早晨，在连队伙房那个裂了缝的锅台前，杨司务长和炊事班长都猫腰细看。炊事班长说：“司务长，你看，咱这锅台成啥样了？你给我要点水泥抹抹吧！”杨司务长说：“可以。哎，你没看见雷锋每次出车回来都扫车厢板，他那个宝贝桶里有不少水泥，你去弄一点就够了。”炊事班长稍有迟疑地说：“我和雷锋……”杨司务长说：“嘿！人家不就是吃了一块锅巴嘛！”

傍晚，雷锋在他那个铁桶边往里头倒水泥面子。炊事班长拿个破盆来舀水泥，见到雷锋不好意思，大约又想起前不久锅巴的事了。雷锋笑呵呵地、很大方地为炊事班长解围：“你要多少就舀多少，不要客气啊！”

炊事班长仍不好意思地说：“大人不见小人怪！”

“什么大人小人的？说哪儿去了！都是战友嘛！”雷锋帮他往破盆里舀水泥。

晚上，在连队宿舍里，乔安山与庞春学在比赛掰手腕子；于泉洋在翻报纸；雷锋在灯下补一双袜子的后跟儿。连部通信员进来，通知说：“雷锋，高指导员让你去开学习小组长会。”

雷锋把袜子放在床上，走出了屋子。这时，一位战友把雷锋的袜子拎起来，向大家说：“瞅瞅，你们瞅瞅！雷锋这袜子，都什么样儿了？他还想补了穿呢！”旁边的于泉洋说：“是够抠门儿的了！”乔安山在一边替雷锋解释：“什么抠门儿啊？人家该领的袜子都没领，这叫节约！你们懂不懂？”于泉洋说：“节约节到这个份儿上，他牙刷掉了毛毛还不换，洗个脸吧，香皂都不舍得用，大热天出车，他连一瓶汽水都不舍得买，他又没家没口的，一把牙刷、一块香皂加一块儿才几角钱，尽用工地发的肥皂洗脸，他呀，真叫人猜不透！”那位战友说：“猜不透就没收他这双袜子，看他回来还补什么？”说完，那位战友把雷锋的袜子塞到一个隐蔽的地方。刚塞完，雷锋拿着一摞毛主席著作单行本回来了。乔安山主动问：“开啥会呀？”雷锋把单行本分发给大家，说：“连里布置学习毛主席的文章《愚公移山》。”乔安山憨态可掬地对雷锋说：“你是我们的学习组长，谁能学得过你呀！”雷锋找自己的袜子，翻床上被褥和枕头下面，全没有，问道：“你们谁见到我的袜子了？”大家早已心照不宣地统一了口径，都说没看见。雷锋说：“这怪事了！我走时就放到这儿来的。”众人大笑。雷锋突然严肃起来，问：“谁干的？你们谁干的？快点招来！晚了我就采取行动了！”那位战友怕雷锋动真格的，把袜子乖乖地交了出来。雷锋双手攥着那只失而复得的还没补完的袜子。这时，通信员又进来，对他说：“雷锋，俱乐部陈主任找你，在连部呢。”

雷锋赶到连部，喊声“报告”进来，向陈广生和高士祥分别敬礼。

陈广生一边还礼一边说：“小雷，演出队解散了，你的几件衣服我给你送回来了！”陈广生来还雷锋的服装，在与高士祥说话。高士祥说：“我有事出去一下。你们聊吧。”雷锋喊着说：“陈主任，你等一会儿，我去取你的书，马上回来。”

在傍晚的路灯下，在营区外望花公园附近的林荫道上，陈广生和雷锋在并肩漫步。

陈广生翻弄着雷锋还给他的《鲁迅小说集》，问：“看完了吗？”

雷锋摇头：“在连队，每天都很紧张，上课、出车、开会，早上按时出操，晚上按时熄灯，没工夫看小说了。”

陈广生说：“没看完你接着看嘛，没时间就不能挤出时间？”

雷锋说：“不用了，主要的我都看了。”

陈广生想知道具体点的情况，他说：“说说看，你看到什么份儿上了？”

雷锋说：“前面《呐喊》《彷徨》两个部分都看了。后面的《故事新编》没来得及看。”

陈广生说：“你不是吹牛吧？这本书我买回一年多了，《呐喊》《彷徨》两部分，我还没看完呢！你回连才多长时间，就看完了？”

雷锋说：“真的看完了，有的还不止看了一遍。”

陈广生问：“鲁迅那么多小说，你最喜欢哪篇？”

雷锋不假思索地说：“我最喜欢《祝福》。”

陈广生问：“为什么呢？”

雷锋说：“我越看越觉得《祝福》里的祥林嫂，特别像我那苦命的妈妈。”

陈广生问：“是吗？你妈妈怎么会像鲁迅笔下的祥林嫂呢？”

雷锋说：“我妈妈死的时候我还不到7岁，不懂事，后来听长辈讲我妈妈的故事，真的有点像祥林嫂。可惜妈妈没活到今天，没有看到这个新社会，年纪轻轻的就上吊自杀了。”

陈广生说：“是啊，你妈妈和祥林嫂都生活在旧中国，她们的命运可能有许多相同的地方，难怪你最喜欢这篇《祝福》。”

雷锋说：“陈主任，看完这篇小说，我有个问题一直想不明白，你文化高，见识广，给我解释解释。按说，鲁迅是全中国有名的大作家，连毛主席都赞扬过他，可他给这篇小说起个名字竟然叫《祝福》！祝福什么？祝福谁？祝福祥林嫂吗？她那么苦命，有什么好祝福的？祝福鲁四老爷吗？他那么坏，怎么能祝福他？祝福鲁四老爷不就成了立场有问题了嘛！”

陈广生笑笑：“小雷呀，你这个问题真把我问住了。这样吧，让我回去再看看书，看明白了，我们再谈，好吗？”

雷锋高兴地说：“好的！”

雷锋驾驶的13号车，是运输连技术状况最差的车。这个车是抗美援朝时期苏联卖给中国的嘎斯51型汽车，到雷锋手上，已有十余年的历史了。这个车参加过抗美援朝战争，虽然经过多次大修，但各部机件磨损严重，连里的同志们都称它为“耗油大王”。

国家处于困难时期，汽车用油也是紧缺的物资，连队里开展了节油活动。哪个排，哪个班，都不愿意要这个13号车。雷锋却与别人不一样，他主动向首长请求，把这台车给他开，开始的时候，首长没有答应，经过雷锋一而再、再而三的请求，这台车才落到了雷锋的手上。

平时，雷锋就非常注意车的保养，不光是平时，就是周末和节假日，雷锋也把时间都用在维修和保养车辆的事情上。他要改一改13号喝油的脾性。

开汽车能不能节油，还在于驾驶员的操作技术。雷锋特别注意学习操作技术。他与战友一起外出，在乘坐公交汽车时，本来车上有座位，雷锋也要站在汽车司机的身后，细心地观察公交老司机们的每一个动作，在转弯时，在刹车时，在起动时，如何操作。他边看，边细心琢磨，都一一记在心上。在保证安全的情况下，如何充分利用汽车行驶中的惯性，运用滑行节省油料；在启动汽车时，起步前不轰大油门；保养汽车时，不用汽油清洗机件。在汽车节油方面，雷锋用尽了心思。在他手上，这台“耗油大王”竟然成了连里上上下下都知晓的节油标兵车。

星期天，在连队简易的活动室里，雷锋与战友打乒乓球，正打得兴致勃勃。这时，门外有人喊：“粮车来了！卸粮了！”在雷锋带领下，大家毫不犹豫地跑出去了。

粮车旁，杨丰普司务长在指挥卸车，炊事班长在车上往下搬。车上有大袋和小袋，大袋高粱米二百斤，小袋一百斤。大庞从炊事班长那儿要了个大袋，扛起来就走。雷锋把肩膀斜着递给炊事班长，炊事班长给他搬了一个小袋。走在营房通往仓库的路上，雷锋小跑着追上大庞。雷锋发现自己扛的是一个小袋，大庞扛的是二百斤，他扛的是一百斤，人家扛的分量是他的二倍。雷锋闷头扛粮赶路，不吭声。他们一起回到粮车旁，大庞又扛一个大袋，雷锋把肩膀伸向炊事班长，大声要求地：“给我放个大袋！”炊事班长疑问：“你行？”雷锋说：“有什么行不行的？！”炊事班长给他搬了个大袋。

走在半路的雷锋趔趄了一下，乔安山上前接过他肩上的麻袋，雷锋险些摔倒。高士祥在连部门口把这一切看在了眼里。

在连队放粮食的仓库里，刚扛完粮食的战士在擦汗，有闲工夫了，战士们一个个在用称粮食的大磅秤称自己的体重。

高士祥拉着雷锋也上秤称，说：“你也称称，我看你长肉没有？”雷锋上了秤，乔安山在一旁看秤，惊喜地说：“嚯，54 公斤了！”大庞说：“你入伍时还不到一百斤，差一点都没当上兵。现在蹿到 108 斤了，不简单，不简单！”乔安山对雷锋说：“你这肉可没少长啊！”雷锋看着指导员说：“我说过，二十三，蹿一蹿！今年我才 20 岁，体重长了，个头也能长！”

傍晚，在连队停车场上一台车的驾驶楼里，沉静下来的雷锋，似乎还在想白天扛粮食的事情。他手里拿着书，却再也读不进去了。

高士祥走到他跟前，问他：“雷锋，干啥呢？”

雷锋说：“啊，指导员！没干啥，歇歇，扛粮累的。”

高士祥打开车门，坐到副驾驶的位置上。高士祥说：“我都看见了。雷锋啊，你体重长了，应该高兴。干什么都要实事求是。你扛不了二百斤，扛一百斤，也很好嘛。记得郭小川有一首诗说，‘有用处，就是福，能做擎天的柱，就做擎天的柱，能做摇船的橹，就做摇船的橹。’毛主席在《纪念白求恩》里面说：‘一个人的能力有大小，但只要有毫不利己、专门利人的精神，就是一个高尚的人，一个纯粹的人，一个有道德的人，一个脱离了低级趣味的人……’”

雷锋认真地听高士祥给他讲的这些道理，他使劲地点点头说：“指导员，我，我有虚荣心，我不该逞强好胜。我还没有白求恩这种精神。”

高士祥说：“要搞清上进心和虚荣心的区别，什么时候，什么场合，都要实事求是。这样才能做一个全心全意为人民服务的好战士！”

雷锋双手稳稳地把握着方向盘，点头说："我懂了！"

晚上，在四班宿舍里，雷锋正伏在床沿儿看书，乔安山拿一封信进来。雷锋问："大乔，你那《愚公移山》背得怎么样了？"乔安山答："正背着呢。当务之急，雷锋，快帮我一把！"雷锋问："怎么了？"乔安山说："我妈又来信了，我还是认不全。"说完把信递给雷锋。

雷锋打开信，给乔安山读到："安山吾儿：你在部队可好？学文化是否有进步？能否自己看信、写信？妈因干活扭着腰，至今未见好，如手里有钱，寄来十块、二十块，给妈看病急用……"雷锋对乔安山说："你妈妈病了，急用钱。"乔安山一筹莫展地说："你替我写封回信吧！"雷锋问："怎么写？写什么？"乔安山说："就说，就说，缓缓再说吧，这个月我的津贴都零花了，下次领了津贴给老娘寄去！"雷锋帮乔安山写信，写完，把信皮上的乔安山家里的地址抄到自己本子的一张空白页上。括号里注明：乔母家址。雷锋提醒乔安山："这封信我替你写，下封信你得自己练习写了。我不能老包办代替，将来你处了对象，人家来信我可不能乱看，你心里想说啥，自己就写啥，多好呀！"乔安山挠了挠头说："远景说得挺美好的。"

于泉洋把在外面晒了的被子取回来，插了一句："雷锋说得对！"雷锋说："哎，小于子，我正要找你呢，你这被子一走一过都一股汗味儿，该拆洗拆洗了。革命军人要讲卫生啊！"于泉洋说：

"我不打怵拆被就打怵缝被子。我这人爱出汗。现在还能凑合，就凑合凑合吧！"雷锋说："你这被子再不洗，晚上睡觉都能把人给捂臭了！"于泉洋说："这么大的一个被子又拆又洗，多麻烦啊！"雷锋说："怕麻烦你一辈子就不拆被、不洗被了？"于泉洋说："明天过完了礼拜天，马上又要出车，路途远，等我回来再说吧！"雷锋说："你呀，懒蛋一个。对了，小于子，你这头发也太长了，我给你剪一剪吧。"于泉洋怀疑地问："你？"雷锋说："我刚买的推子。"说完，拿出一个盒装的新的理发推子。于泉洋慌忙躲开他："你饶了我吧！就你这手艺，不把我揪个半死，也得推个乱七八糟的。"

星期天早上，在连队宿舍外晒衣区，雷锋洗完了衣服，端着脸盆一件件抖开，在铁丝绳上搭晾。

于泉洋来找他："雷锋，走，我给你也请了假，陪我上街去一趟，我要买牙膏和信纸、信封。"

雷锋说："你去吧，我就不去了。还有，给我捎一条肥皂回来。"说着从兜里掏钱交给于泉洋。

于泉洋问："今天休息，你有啥事？"雷锋说："连队今天吃包子，炊事班人少忙不过来，我一会儿去伙房帮厨，帮他们干点活儿。"于泉洋："我都打听了，今天两顿饭。炊事班长说，等到中午十二点才开始做晚饭呢！现在还不到九点钟，咱们上街买东西，三个钟头，回来干什么事都来得及呀！"雷锋说："那好。我把衣服搭完，咱们就走。"

雷锋和于泉洋并肩坐在市内公共汽车的一条靠背椅子上。车到下一站，上来一个拄着拐杖的老大爷。雷锋忙招呼大爷坐下，他站到前面去，像往常一样，又站在司机身后，聚精会神地看大客车司机熟练地开车。又一站，老大爷下车了。于泉洋喊："雷锋，有座了。"雷锋并没来坐。也不理会于泉洋的招呼。于泉洋感到纳闷儿，也站起来，到车的前部去。大客车司机熟练地操纵着方向盘，车子全速疾驰，拐大弯，车子极平稳。雷锋对于泉洋说："你看这位老师傅经验多丰富，手法不一般，车子拐这么大的弯，这么快，车上乘客都没有反应，神了！"于泉洋说："车上有座位，你不坐，原来是不花学费学习开车技术啊！"

在一家照相馆门前，雷锋揣起取相凭据，说："一个星期后取照片。"于泉洋说："发现你挺爱照相的。"雷锋笑笑说："我就有这么一个爱好。"于泉洋说："我要去医院看一个老乡，跟我一起去吧！"雷锋说："我不去了，还有事儿要办。"于泉洋说："那好，咱们分开行动。"

两个人分手后，在一家小理发店门前，雷锋往里面看看，推门进来，坐在等候理发的两三位顾客的后面。有人拿着报纸阅读等待理发，雷锋却盯着理发师傅给人理发。还有一位就轮到雷锋理发了，他却悄悄站起来推门走了。排在他后面的顾客不解地说："下一个就是他了，这个小兵就等不及了！"

不一会儿，雷锋来到另一家理发店，他坐在等待理发的顾客中间。别人闲聊、看报。他仔细地观察理发师傅怎样用推子，用梳子，他跟着比划。待了一会，他起身走了。

过一会儿，他来到第三家理发店。推门而入，恰好有一顾客刚理完，交完钱，要走。理发师傅抖着白围裙，叫他："解放军同志，请坐这儿！"理发师傅见雷锋迟疑，指了指墙上一条标志："军人优先。"

雷锋坐在排着队的顾客中间说："我不理发。"

理发师傅疑惑地问："你不理发，那你来干什么？"

雷锋说："我，我是来看理发的。"

理发师傅更疑惑了："看理发？理发有什么好看的？"

雷锋站起身，实话实说："是这么回事，我们部队执行任务紧张，战友们很少有工夫到街上理发，我们买了一把理发推子，又都不会用，我就想学学……"

理发师傅这才明白了这个解放军战士的意图，说："嗨，这是好事呀！今后你有空就到我这里来，我保证教会你理发。"

雷锋感激地给理发师傅敬了一个军礼，说："谢谢了！"理发师傅让雷锋站在他身边，看他理发，一边给雷锋讲授理发的窍门，雷锋认真地听着、看着……

在新华书店，雷锋在挑选要买的书，他把挑选的十本书抱到了收款处。

收款员算完了账，抬头问："写哪个单位？"

雷锋反问："为什么要写单位？"

收款员说：“开发票啊！”

雷锋说：“开什么发票啊？不开。”

收款员问：“不开？这么多书，不是给公家买的？”

雷锋笑笑说：“是我自己买的。”

收款员说：“我还以为你是部队图书管理员呢！”

雷锋笑了笑，和收款员一起把书包好。

雷锋回到连队，在活动室整理图书，墙上有一条醒目的红纸写的标语：“爱书吧！书是人类进步的阶梯。”许多战士围着雷锋。看雷锋用锤子在钉木板。

一名战士问：“你这是干啥？”

雷锋答：“钉个书架。”

那战士又问：“你开图书馆啊？”

雷锋说：“差不多吧。”他把自己红皮箱的书一股脑儿地全拎来了，书摊放在乒乓球台子上，让战友们挑选自己想看的书。

有人问：“雷锋，借你的书，需要登记不？”

雷锋说：“不用登记，但不能撕篇儿，不能折页儿，不能画道儿，一定要爱护书！”

有人和他开玩笑：“借书不还，可以吗？”

雷锋笑笑说：“不还可不行！”

有人说：“别人的书，我借来还保准能看，能看完；我自己买的书，往往是买来扔那儿就完了，有的一直没翻过，你说这事怪不怪？”

另一名战士说：“我也有这个毛病。”

战友们纷纷借书。炊事班长走到跟前问：“有科学养猪的书吗？”

雷锋很抱歉地说：“哎呀，没有。”

晚上自由活动时间，在四班宿舍里，雷锋拿着理发推子要给战友们理发。

雷锋说：“我可是请教过好几位理发师傅了，只是没拿到文凭，别小瞧我。”

乔安山主动上前要求雷锋给理发。雷锋说：“哎，还是有伯乐的。”雷锋给乔安山围上白围裙，并用别针固定住，他很熟练地理着。庞春学又走过来观看。乔安山理完了发，用小镜子照着，雷锋又拿过一个小镜子照着他的脑后，问：“怎么样？”乔安山笑了：“不赖，真不赖！”

于泉洋说：“这头一炮打响了！我来第二个。”

庞春学抢着说：“第二个是我。咱也省两角钱！”他神速地坐在理发的凳子上了。

于泉洋说：“那我就是第三个！”

乔安山说：“雷师傅的买卖开张了，买卖兴隆啊！”

雷锋笑着给庞春学围上了白围裙。

第二天早上，在连队黑板报前，战士们围看黑板报。那上面有个借书的战士写了一段顺口溜：

小小图书馆，
读者真不少，
上至连长，
下至大乔，
不用上书店，
不用把腿跑，
你想看啥书，
就把雷锋找……

雷锋也在这里，听了有人朗诵这顺口溜，笑问：“谁这么会编呀！”有人说：“连队文书啊，写得真好！”还有人说：“没错，没错！是这么回事。”

雷锋在新华书店门前停下车，进屋到柜台前，问营业员：“有科学养猪方面的书吗？”营业员回答：“没有。”雷锋很遗憾地离开这里。他开车又到另一家书店。他还是问：“有科学养猪方面的书吗？”营业员答：“有。今天刚来的。两角一本。”雷锋高兴地说：“太好了！买一本。”

这天晚上。他来到连队炊事班猪圈。炊事班长正在喂猪，有十多只白里透红的小猪崽儿嗷嗷叫着抢食吃。雷锋把一本书送到炊事班长面前说：“老班长，看，你要的书！”炊事班长擦擦手接过书，异常惊喜：“哟，你从哪儿淘来的？”

雷锋笑而不答。

在连队自由活动时间，四班宿舍里，几个战友都在看书，有坐马扎上的，有坐门槛上的，有伏床上的。

雷锋拎着锤子和木板在钉节约箱，他走近大庞问："大庞，你在想什么呢？"

大庞说："篮球队这几天就要打比赛了，怎么还不张罗练球啊？"

雷锋说："这也不是你着急的事啊！人家都来借书，你不借本看看？"

大庞："你看我这一天忙的，脚打后脑勺，累得都快拽猫尾巴上炕了。真没工夫看书呀！"

雷锋说："你忙，别人都不忙？大家还不都一样？上课的上课，站岗的站岗，出车的出车。别人都能挤出时间读点书，偏偏你就不能？你看这一块好好的木板上面，一个眼儿都没有，钉子怎么能钉进去呢？这就是靠压力硬挤进去、硬钻进去的。依我看，钉子至少有两个长处，一个是挤劲儿，一个是钻劲儿。我们在学习上需要有这种钉子精神。不是没有时间，看你善不善于挤、善不善于钻。"

大庞琢磨着雷锋的话，心有所动，从雷锋的书架上拿下一本《解放军战士》杂志。

难得的一个星期天。连队开早饭的时候，值班的薛班长，臂戴"值日"红袖标，当众宣布："今天是星期天，很长时间没休息了，连里决定大家歇半天。从上午八点到下午两点，这六个小时，大家可以写写家信，洗洗衣服，上上街。上街按比例请假，按时归队。”

众战士“嗷”的一声散开，很快吃完了早饭，都行动起来了，唯有雷锋趴在床上一动不动。

乔安山感到雷锋异常，自语地：“不对劲儿，雷锋很少这么闲着，肯定有事儿。”他摸摸雷锋的头部，说：“也不发烧呀，和我上街吧！”

雷锋说：“我有点儿肚子疼。我不上街，你抓紧时间走吧！”乔安山走开了。

薛班长又走过来，对他说：“雷锋，上街的名额还有，你上不上街？”

雷锋说：“班长，我想休息一下。”

薛班长：“这些天你是太累了。该好好休息休息了。你若是上街随时去就成，我这儿给你写上了。”薛三元指了指他的值日簿。

雷锋说：“我知道了，你去忙吧。”

班长走后，雷锋又趴了一会儿，稍显痛苦地压着肚子起来，他一手捂着肚子走出营区来到团卫生队。医生放下听诊器，又拿起温度计看了看，对雷锋说：“你这是肠炎症状，吃什么了？”

雷锋说：“没吃什么啊！”

医生说：“给你拿点药吧，问题不大。”

雷锋说：“问题不大就好，谢谢医生！”

在返回连队时，路过一个热火朝天的小学校建筑工地。雷锋被工地上忘我的劳动场面感染了。他驻足观看。工地上有鼓舞人心的大幅标语。这时，雷锋听到女广播员的紧急广播：“推砖的加油！加油！现在推砖的满足不了砌砖的需要……”几辆小车在紧张地推砖，卷扬机往上运砖。一辆辆小车紧跑着。

雷锋见工地大门口有一个小席棚，席棚边上有一台无人使用的小推车，便匆匆地走过去，对在那里烧开水的老汉喊了声：“大爷！”老汉热情地回应一声：“解放军同志！”雷锋说：“我想要碗水喝。”老汉说：“有，有！”老汉给雷锋倒了碗开水。雷锋吹着碗里的水，说：“太烫了！”老汉说：“我给你兑点凉开水吧！”雷锋趁老汉不注意，悄悄把药拿出来，放到嘴里，用水把药送下去了，吃完了药仍不走，对老汉说：“大爷，门口有一台小推车，借我用用可以吗？”老汉说：“这车是工地的，不能外借呀！”雷锋说：“我不推走，就在这儿用。”老汉迷惑了：“在这儿用？”雷锋说：“你没看推砖的都供不上趟了吗？我今天没事想帮个忙。”老汉终于明白了这个解放军战士的用意：“好，好！”上前把小推车推给了雷锋。

雷锋推起小车来到堆满了红砖的工地一角，自己装砖，自己推车。他推着小车飞跑着。同是推车的一个工人问：“哎，这位解放军同志哪儿的？”雷锋答：“附近的。”工人问：“怎么跑这儿来推砖？”雷锋说：“今天我没事儿，不是推砖的供不上了吗？”雷锋说完推得更快了。工人们直点头，推着车就追雷锋。只见一溜小推车追着跑在前面的雷锋。雷锋在装砖，一个女青年捧着本子来“采访”雷锋。

女青年说：“我姓赵，叫赵桂珍，是这个小学的少先队大队辅导员老师，现在临时担任工地广播员，我想问你，你为何跑来推砖？”

雷锋说：“啊，今天我没事啊！这不是盖小学校舍吗？”

赵桂珍说：“对呀。”

雷锋说：“将来校舍的墙上，有我推的砖，这不是很荣幸吗？”

赵桂珍说：“你怎么想到来这里参加义务劳动？”

雷锋笑笑说：“这是因为你呀？”

赵桂珍感到莫名其妙：“我？”

雷锋说：“是啊！不是你刚才广播的，说推砖的速度慢吗？”

雷锋车上装满了砖，他推车要走。赵桂珍拦住了他：“同志，你是哪个部队的？叫什么名字？”雷锋说：“我是附近部队的，叫……叫什么不重要，你就别问了！”他推起车就跑，赵桂珍在后面追赶着，工地上热火朝天的竞赛掀起了高潮。

接近中午时，还是那个席棚，还是那个烧水的老汉，雷锋归还车后想走。工地领导在广播员赵桂珍带领下赶来围住了他。工地领导问雷锋：“你作为一名解放军战士，来帮助我们推砖，事儿不大，可是影响很大，推动了我们的工作。你不留下名字今天就别想走！”赵桂珍劝道：“说了吧，我有个老同学就在你们部队当俱乐部主任呢。”雷锋说：“啊，陈主任啊！那好，我告诉你，我曾在陈主任手下工作过，你去问他吧。”说完就跑掉了。工地领导对赵桂珍说：“你马上给你的老同学打个电话，一定要问清楚他的名字。”赵桂珍说：“好的。”说完她到工地值班室，抓起桌上的电话，找到了陈广生……

雷锋从外面回到四班宿舍。薛三元班长问："雷锋，你哪儿去了？不是病了吗？怎么一上午没见到你影儿！"雷锋笑笑："我肚子疼，到团部卫生队要了点药。"说着，证明似的掏出了一小瓶药片。薛班长给雷锋倒了水，说："快把药吃了。"雷锋迟疑，因为他在工地已经吃过药了。于泉洋在一旁说："班长，别听他唬你！"薛班长疑惑地问："唬我？"于泉洋把窗子推开，外面隐约传来女广播员激动的声音："解放军战士雷锋，带病来到我们工地，参加义务劳动，推动了我们的工程进度。让我们向解放军学习，向雷锋同志致敬！"于泉洋说："这已经广播好多遍了，我在街上就听到了。"说完转向雷锋，问："你就是这么休息的呀？"薛班长恍然大悟："原来是这样啊！"雷锋说："劳动一上午，我有个新发现。"战友们问："什么新发现？"雷锋说："参加义务劳动能治肚子疼！"大家笑了起来。薛班长也笑起来，对雷锋说："你呀，等着我请示上级给你颁发一个发明奖！"

1960 年的一天，抚顺市望花区第七百货商店储蓄所不满 20 岁的储蓄员王玉珍在柜台里查点着一位储户刚存的款子，正要给两位储户办理存款业务，一位身材不高、满脸稚气的解放军战士走进了储蓄所，急急忙忙地走到柜台边上。王玉珍知道"军人优先"的规定，她想先给这位解放军同志办理，这位解放军战士却说："不急不急。"等王玉珍送走了那两位储户后，对他说："同志，你存款吗？"

他说："是的。"王玉珍把凭条递给了他，对他说："请写下您的名字，存多少钱写在这儿。"王玉珍一边指着凭条的位置，一边说着。由于王玉珍个子高，又站在柜台里边，看着这位战士在凭条户名下面写上"雷锋"两个字，存款是 90 多元。她心想，这个战士还挺能攒钱的呢。

从那以后，雷锋就常来这里存款。有一天，雷锋又来存 5 元钱。因为这个时候，储蓄所里没有别的人，王玉珍给雷锋办完了存款，就与他唠起了家常。王玉珍问他是什么地方的人，家里还有什么人？雷锋说："我是湖南人，父母都不在了。"看着雷锋那份表情，王玉珍觉得自己不该问那么多，就把话题给转移了。王玉珍说："你还挺能攒钱的呢，一个月部队给你多少津贴费啊？"雷锋说："每个月 6 元钱，我除了买书，买牙膏，别的就没有什么花销了，穿的、用的，部队都给发，这余下的钱就用不着了，存在这里，支援国家建设也许能发挥点作用。"王玉珍说："一个月才 6 元钱，你攒了 90 多元钱真不容易啊！"雷锋回答说："我是今年 1 月参军的，参军前我在鞍钢工作，开推土机，工资不少。"到了这时候，王玉珍才明白了雷锋那次存的 90 多元钱不是他在部队上的津贴费，那是他在鞍钢工作时攒下的。这位解放军同志的艰苦朴素精神令她很感动。

雷锋每次来储蓄所，都是笑容满面，举止大方，很有礼貌。有一次正赶上钢厂刚发完工资，来储蓄所办理业务的人比较多，王玉珍正低头工作，只听一位储户说："你办吧，你办吧！"王玉珍抬头一看，是雷锋从排队中走了出去，退到排队的最后边。王玉珍喊了一句：“军人优先，请雷锋同志这边来！”雷锋给王玉珍摆了摆手，说：“还是请这位师傅先办吧！”雷锋总是这样客气，总是处处为群众着想，把方便让给别人，这给王玉珍留下了很深的印象。

那是 1960 年 8 月的一天，大街上敲锣打鼓，庆祝抚顺市望花区和平人民公社成立。雷锋急急忙忙来到储蓄所，王玉珍见到熟悉的雷锋又来了，热情地与他打招呼，对他说：“雷锋同志，你又来存钱了？”

雷锋笑着回答：“不，这次是取钱。”

“取钱？取多少？”

“取 200 元！”

一听雷锋要取 200 元，王玉珍心里很纳闷，一个平时很节俭的战士，为何取这么多钱啊？于是她顺口问了一句：“一定是家里有急事用钱吧？”

“家里？……对，对，是家里有急用。”

当时，雷锋的活期存折上只有 203 元。

王玉珍一面与雷锋交谈，一面很快就给他办好了取钱的手续，把 200 元现金交给了雷锋。

是啊，家里有急用。家里的事情不是婚丧嫁娶，就是亲人有病住院需要交费，或者是盖房子买材料用工需要用现钱支付。

雷锋接过钱，说了一声“再见”就走了。在雷锋的心里，刚刚成立的人民公社，就是他的家。雷锋从储蓄所直接找到了抚顺市望花区党委办公室。他走到迎面一张办公桌前，解开军装上衣靠近领章的纽扣，从衬衣鼓鼓囊囊的口袋里取出那200元钱，双手捧着对办公室的同志说："这是我对望花区人民的一点心意，请收下吧！"他手里拿着的，是每张5元的人民币，一共40张，带着他的体温，带着他的一片诚挚的心意。办公桌后面的那位同志没有任何思想准备，也没有见过这样的事情，一时不知所措，直说："这，这怎么行啊？"他们找来了公社张书记。

雷锋对张书记庄重地说："这钱是我的捐献，不多，我希望它能对我们新成立的公社战胜灾害、克服困难有点用处。"

张书记和在场的区委办公室的同志都被感动了。当前是遇到了自然灾害，政府安排了专项救灾的款项，调拨来了一批救灾物资，号召群众生产自救。捐款怎么处理啊？没有先例啊！在他面前站着的这位解放军战士，是这样一位年轻人，他一个月的津贴费是有数的，他怎么一出手就是200元人民币呢？

"同志，你关心灾区人民的心意我们收下了，可是，这钱嘛，我们不能收。你还是留着自己用，或者寄回家吧。"张书记语重心长地对雷锋说。

雷锋这时也很激动，他的嘴唇微微有点颤动，他本不想在这样的场合说自己的身世，说自己的家史，可是区委的首长说到了"家"，并说让他把这笔钱寄回家……

雷锋说："我没有自己的家，现在部队驻在望花区，望花区就是我的家，我这钱就是给家里用的。我的父母早就不在了，人民群众就是我的父母。假如我的父母还活着，我相信，他们一定不会拒绝一个儿子给他们的钱……”

听了雷锋这番发自肺腑的话，张书记觉得他们没有理由拒绝这个解放军战士的捐款，他们只好收下。可是他们还是坚持只收一半，另一半让雷锋自己留下。一个战士如果没有父母，也还是有许多自己要办的事情的，到时候需要钱的时候，没有钱是万万不可的。区委办公室的负责同志坚持要写一个字据，他们说，我们是区委，收了一位解放军同志的捐款，必须留一个签名的字据，是哪个部队的，我们也好有个交代，否则是不能收下你的钱的。

雷锋沉吟一下，痛快地说：“好吧。”他在一张纸条上写下了部队的番号和自己的姓名。

就这样，工兵团收到了抚顺市望花区党委写来的一封感谢信。信里说：“雷锋同志热爱人民的一片心意使我们增加了克服困难的力量。当我们展望农村发展宏伟远景的时候，就自然而然地联想起人民的子弟兵，我们深信像雷锋这样的战士是很多很多的。”

没过几天，团政治处又收到中共辽阳市委的一封来信。这封信，也是表扬和感激战士雷锋的，随信还寄回了 100 元人民币。

原来这 100 元钱就是望花区委办公室让雷锋留下的那一半捐款。当时雷锋假装表示愿意收回。可是，雷锋转身把这笔款项寄给了辽阳市委和市政府。并请转当地的受灾群众。

这两封来信，内容不同，但都是表扬运输连战士雷锋以驻地为家，以人民群众为父母，大公无私，慷慨捐助的品德，表达了向解放军学习和致敬的感激心情。

一个普通士兵，怎么会把这样多的积蓄款项拿出来捐给有困难的人民群众？雷锋的想法写在了当天他的日记里，从这篇日记可以让我们了解到他真实的心迹：

> 我活着，只有一个目的，就是做一个对人民有用的人。人民有困难，就是我的困难，帮助人民克服困难，贡献自己的一点力量，是我应尽的责任。我是主人，是广大劳苦大众当中的一员，我能帮助人民克服一点困难，是最幸福的。

团政治处宣传股股长吴广信拿着两封信向团政委韩万金做了汇报，韩政委认为，这件事体现了我们军队全心全意为人民服务的建军宗旨，反映了我们的战士与人民同甘苦、与祖国共命运的高度自觉性。雷锋支援灾区的动人事迹出现在今天，不是偶然的，这说明部队开展社会主义教育正在取得可喜的成果，其中有宝贵的经验需要及时总结和推广。

遵照韩万金政委的指示，吴广信股长和俱乐部主任陈广生、宣教干事庞士元及团里的摄影员季增先后来到运输连，进一步了解四班战士雷锋向灾区捐款的有关情况。

很快，军区工程兵政治部就知道了雷锋捐款的事儿，有关领导派政治部宣传处的宣传助理员张峻到运输连采访雷锋的事迹。

张峻是从沈阳赶到抚顺到达雷锋所在的运输连的。运输连驻扎在抚顺市望花区瓢儿屯。张峻经常下连队，与运输连的干部都比较熟悉。

“张助理，你来干什么？”刚进门，指导员就迎上来问。

“你们连是不是有个小战士叫雷锋的？”张峻开口就说明来意。

“对对对！这个小战士入伍8个多月，表现可好了！”指导员满意地说着。

张峻说想见见他。

指导员打发通信员：“快找去！快找去！”

不一会儿，通信员回来了，说：“雷锋不在班里，去卫生所了。”

“怎么了？”指导员和张峻几乎同时问。

通信员说：“他肚子不好，看病去了。”

“那咱们先说说吧。”张峻想既然来了，先向连队干部了解一下雷锋的情况也是应该的。

张峻把带来的两封地方来信给指导员看。

一封是中共辽阳市委寄来的：

7343部队首长并转十五小队雷锋同志：

8月28日，雷锋同志给我们来了信并随信寄来100元钱，表示他对灾区的关怀和支援。雷锋同志能在我们遭受特大水灾之时，寄信和钱，从道义上和财力上支援我市灾区，这种崇高的阶级友爱精神，说明了一个问题：人民解放军是人民的子弟兵，和人民有着密不可分的血肉联系，说明了我们的人民解放军有着一贯与人民同甘苦共患难的光荣传统。雷锋同志能够具备至高无上的共产主义品德，也是党和部队长期教导的结果。

辽阳市遭受百年不遇的特大洪水灾害，受到严重损失。但是，在党中央、毛主席和省委、鞍山市委的亲切关怀和正确指导下，在人民解放军和兄弟市县的大力援助下，抢救了被水围困的灾胞，减轻了洪水灾害的损失。同时中央和各兄弟市、县，又运来了大批救济物资，安排了灾区人民的生活。目前，灾区人民在党的无微不至的关怀下，信心百倍，干劲十足，热烈响应党的号召，正积极投入到生产自救、重建家园的活动中。

我们对雷锋同志寄来的款项不准备收留，并代表灾区人民向雷锋同志再一次地表示感谢。希望他能把钱继续存到银行里，支援国家建设。我们一定教育灾区人民，学习雷锋同志的共产主义品格，鼓足干劲，更加奋发图强，为彻底医治洪水创伤，重建辽阳幸福的新农村而努力。

此致

敬礼

中共辽阳市委员会

1960 年 9 月 6 日

（并附去汇款 100 元）

雷锋给辽阳市的信原件是这样写的：

敬爱的辽阳市委：

我是7343部队15小队的一名新战士，我名叫雷锋，是今年1月从辽阳弓长岭矿入伍到部队的。由于部队党委和首长对我的不断教育和培养，使我的政治觉悟不断提高，使我的思想和眼界变得更加的远大。

现在党中央向全国人民发出了增产节约的号召。目前，在我们的部队里，已掀起了一个轰轰烈烈的增产节约的高潮。我是一个共青团员，应该积极地响应党中央的这一号召，我看到最近以来，辽阳遭受了百年没有过的大洪水的侵袭，因此使国家和人民的财产受到了很大的损失。现在国家和人民有困难，作为一名中国人民解放军战士，我一定要挺身而出，以实际行动来支援灾区人民。

现在部队每月发给我们6元钱津贴，我每月除了理发花5角钱外，余下的钱我都存到储蓄所。入伍后，我把在工厂时候攒的40多元人民币，都带到部队，存到了储蓄所。我在部队短短的7个月里，又节约了津贴费30多元人民币，到现在为止，我已储存了100元钱。

今天我怀着万分高兴的心情，将我节约的100元钱寄给你们，支援灾区人民公社发展生产。

我的生命是党给我的，党是我慈祥的母亲。我一定要听党的话，永远忠于党，忠于人民，为祖国的壮丽事业贡献我的一切力量。

最后请市委对我多多培养，使我不断前进。

此致

敬礼

中国人民解放军

沈阳部队工程兵战士　雷锋

1960 年 8 月 28 日

另一封信是抚顺市望花区和平人民公社寄来的，信中提到一个叫雷锋的战士为新成立的人民公社捐助 100 元人民币的事情，并向部队表示感谢。这封信中是这样写的：

中国人民解放军 7343 部队各级首长同志：

在今年 5 月下旬的一天，正当全市人民轰轰烈烈兴高采烈地迎接城市人民公社化的时候，人民的子弟兵和全市人民一样，欢欣鼓舞地迎接人民公社的建立。你部十五小队雷锋同志，怀着兴奋的心情，带着他不知积蓄了多久的 200 元人民币来到我社筹建办公室，为表示对党的人民公社化运动的拥护和对人民公社的无比热爱，要将自己积蓄的钱全部献给人民公社。他这种精神，使我们深为感动。考虑到雷锋同志的日常生活用费和对家庭的照顾，我们没有接受这些钱，只是对这位优秀战士表示了我们的谢意。

雷锋同志是我们人民解放军中的一员，他这种崇高的共产主义风格，是党长期教育的结果，是人民军队里的榜样。我们深信，像雷锋这样的战士应该是很多的。

雷锋同志发扬了我军拥政爱民、军民一家的光荣传统，对于他这种崇高的品质，我们只有对党所教育培养的军队表示感谢！

此致

敬礼

中国共产党抚顺市和平人民公社委员会

1960 年 11 月 11 日

其实，这两封信的事，指导员是知道的。团里曾跟连里通过气，了解了雷锋在连队的表现和影响后，才上报给工程兵机关的。

当时有 16 年军龄的张峻，工资不到 70 元。雷锋入伍前在县里工作时，月薪 22 元，在鞍钢学徒时 22 元，出徒时 23 元，最高工资 34.5 元，入伍后的战士津贴只有几块钱，当副班长是 9 元，当班长是 12 元，雷锋是战士，只有 6 元钱，他这 200 元钱是怎么攒下的呢？

指导员介绍说，雷锋是个苦孩子，高小毕业，在家乡开过拖拉机，在鞍钢开过推土机。在地方上就是先进，曾多次被评为先进生产者、红旗手、标兵和青年社会主义建设积极分子。这次给灾区捐款也是他先进思想的自然之举。

指导员把张峻向雷锋做了介绍，说：这是政治部搞宣传报道的张助理员，来了解你的情况来了。你们谈谈吧！

接着，张峻把雷锋请到屋里，拉过一把椅子，让雷锋坐下，就和雷锋聊了起来。这是张峻第一次见到雷锋，第一次采访雷锋。

张峻让雷锋谈了一下去人民公社送钱的前前后后。在当时，这样的事情需要核实清楚，才可以报道出去。张峻想请公社的书记来谈一下。指导员挂电话一问，张书记去沈阳了，明天才能回来。张峻计划明天见见张书记。

第二天，和平人民公社的张书记亲自来到运输连，向连队指导员讲述了雷锋去送钱的经过。张书记说：小战士哪有那么多钱？不能要。他让雷锋把钱寄回家。雷锋说公社就是他的家，他没有家了。雷锋当时简单地讲了自己的家史。听了雷锋的讲述，张书记没有办法不收他的钱。但200元太多了。张书记说：这样吧，我们只留下100元人民币。张书记不知道，雷锋把这退回来的100元钱又给了辽阳灾区。这就是两封信的由来。

张峻采访雷锋后，和雷锋慢慢熟悉起来。一天，张峻在连队院里看见了雷锋，雷锋对着他乐呵呵的，好像有什么事情，又不好意思开口，张峻就问雷锋有什么事情吗，雷锋鼓足勇气说："张助理员，能给我照张相吗？"

张峻惊异于雷锋提出这样的要求。张峻军衔是大尉，雷锋是上等兵，一般战士对机关来的干部都比较敬而远之，即使有什么要求也不便开口。雷锋的开朗和直爽让张峻感到意外。雷锋毕竟是自己的采访对象。他有这样的要求，应该尽力满足。

张峻问雷锋："你为啥让我给你拍照？"

雷锋说："我当兵以后，想给家乡的工友和领导一人寄一张照片，让他们知道我在部队的情况。"

"行。我给你照一张吧。你站好。"张峻很快就给雷锋拍了一张照片。

拍完后，张峻向雷锋再三交代："这照片，给谁都可以，就是千万别给战友啊！我给你照了，不给别人照，这样会很不好意思。我是搞新闻报道的，拍照片要给报社投稿。如果给私人拍照，我回去怎么向上级交代啊？影响也不好啊。"为此，这张照片，雷锋从未给部队战友看过。

雷锋答应说："行，行！"就是待在那儿不想离开。他接着腼腆地继续要求："张助理员，我还想照个背枪的照片，就是留一张军人的标准像。"他见张峻不解，便解释道："这种单人相，参军后我到照相馆照了三四张了。可是，我是当兵的，非常想照一张背枪的。到街上的照相馆去拍，部队不准把枪带出去，尤其是新兵，更不准了。"当时部队战士也没有机会上街，节假日、星期天，上街有规定，一般按人数的比例批准。

雷锋说的都是实情，他的话打动了张峻，确实是这么回事，一个战士如果背枪照一张相片，那是多么美好和自豪的一件事啊！

张峻同意了雷锋的要求，说："行，你去拿枪吧！"他看着雷锋兴奋地跑回宿舍，取来一支步枪。张峻注意到雷锋还把共青团的团徽及另三枚在鞍钢得的奖章戴在了左胸衣服兜口的上端。刚才拍第一张照片的时候，忘记戴了。这说明雷锋是一个荣誉感很强的人。

拍这张照片的时候，雷锋的表情因为有枪在肩，所以脸上没有了微笑，很自然地严肃起来，呈现出保卫祖国的自豪和庄重之感。两张照片的上衣左兜里都插着一支钢笔，这是他经常用来做笔记用的，这也是他爱学习的表现。这几张照片不是为了报道而拍的，而是应雷锋的请求拍的，后来，这两张照片却成了史料中雷锋入伍早期个人最真实、最难得的肖像写照。

张峻在十团政治处与其宣传股股长吴广信和从事新闻报道工作的助理员庞士元一道探讨一个问题：雷锋一个新兵，怎么能把那么多钱捐出来。吴股长和几位同志说，这个小战士入伍后，生活上特别节俭，艰苦朴素在连里是出了名的。雷锋参军以后，每月领到津贴后，除了交一角钱团费，留两角钱买肥皂，再留点买书的钱之外就都储蓄了。他捐给公社和辽阳灾区的200元人民币，是他入伍前在鞍山工作时的积蓄和入伍后省吃俭用积攒下来的。他平时很少花钱，穿的袜子、衣服、裤子都是带补丁的，有的补丁上面还摞着补丁。他的牙缸、洗脸盆都破得不成样子了，也不舍得丢掉，继续使用。他还有一件打了几块补丁的衬衣，是从湖南老家带来的。

雷锋从不浪费粮食，吃完了饭，他要把大家掉在桌子上和地上的饭粒捡起来，收集到一个小盆里，送到猪食缸里。

张峻还听说雷锋在勤俭节约方面，有很多的事迹。这时，在他脑子里形成了要拍雷锋艰苦奋斗和助人为乐的主题，这样就可以拍几组照片。

张峻到运输连的第三天，连里举办了勤俭节约现场会。在营区，摆放着一个临时用木板搭起来的展台。展台上，摆放着废铜烂铁、玻璃瓶子、牙膏皮、螺丝钉和补了又补的衣服等物品。张峻留在连里，参加在营房大院里举办的“勤俭节约现场会”时拍摄了两张照片。拍的是雷锋在现场会上，现身说法，拿他那双补了又补的袜子给战友们宣传我军艰苦奋斗的优良作风。

团宣传股长吴广信和俱乐部主任陈广生在运输连开了一个又一个座谈会，找了一个又一个战士谈话，了解到雷锋舍不得为自己多花一分钱，可他舍得用全部积蓄支援灾区的感人事迹。每个月他把津贴费领到手，把大部分钱全都存入银行储蓄所。在他的日记本里有两句令人深思的话：

“在工作上向积极性最高的同志看齐，

在生活上向水平最低的同志看齐。”

这两个“看齐”，显示了雷锋的一种人生境界。他是这么想的，是这么说的，也是这么做的。

一个秋天的晚上，凉风习习，在灯光明亮的运输连部，雷锋正在接受任务。

高士祥对他说：“雷锋啊，交给你一个任务。明天是星期天，你们班，还有五班部分同志别休息了。冬天快来了，天一天比一天冷了。连里的菜窖，上面必须铺盖些草，铺盖得严实些，储存的大白菜、萝卜、土豆，可以吃一冬呢。你们到李石寨山坡上打草去，一人打一捆草回来，明天吃完早饭就走，叫炊事班给你们每人带一个午饭的饭盒，晚饭回来吃。注意一点，你们千万可别违反群众纪律啊！”

雷锋说：“保证完成任务！”

第二天早饭时，大家围在几张饭桌上吃饭。国家处在经济困难时期，部队和老百姓一样，伙食是定量的，不管饱，一人一个二两馒头，一碗稀粥，一碟小菜。这对正值饭量最大时期的年轻战士来说，这点饭真的不够吃。王延堂最早吃完了，似乎没有吃饱。他刚要撤离饭桌，炊事班长捧一大摞子饭盒来了。炊事班长交代道：“这是给你们上山打草的同志们准备的午饭，一人一盒，带到山上吃的。”王延堂打开一个饭盒看看，说一句：“一块儿放肚子里带走算了！”说完把他的那个饭盒拿到一个角上三扒拉两扒拉，也吃光了，把饭盒扔下就走了。在场的两三个人看见了王延堂的举动，其中也有雷锋。

秋天的上午，在长满了野草的山坡上，雷锋率领着十几名战士用镰刀割草，用绳子捆草。雷锋一会儿帮人找绳子，一会儿又帮人用石头磨镰刀。他和战友们干得热火朝天，脸上淌满了汗水。

接近中午时分，割草的战士们已是疲惫不堪。在一棵大树底下，放有饭盒和军用水壶。雷锋停下挥着的镰刀，直直腰，看看太阳，向大家宣布道：“同志们，中午可以休息了，吃饭了！”人们向大树靠拢，纷纷坐到大树底下。有的竟躺倒在捆好的草捆上。乔安山一边用军用水壶喝水，一边说：“这一上午干的，肚子饿得咕咕叫。”

于泉洋擦着满脸的汗说：“打草这活儿，比咱们出车可累多了。”乔安山说：“这秋老虎，太阳晒得人直冒油，热死人不偿命啊！”大家打开饭盒，里面有三两大米饭，菜是辣椒炒土豆丝。乔安山打开饭盒，惊喜地说道：“香啊！”说着就往嘴里扒拉。

雷锋也拿起饭盒，打开，刚要往嘴里扒拉，见王延堂一个人单独坐在另一棵树下，两手抱着膀，头往后仰，一脸无奈的表情。雷锋站起来，勒紧自己的裤带，一手捂着肚子，一手拿着饭盒，走到王延堂身边，对他说：“大王啊，我肚子有点儿疼，真没辙，好像肠炎又犯了。你帮帮忙吧！”

王延堂不解地问：“帮什么忙？”

雷锋把饭盒递过去：“就帮这个忙。”

王延堂迟疑地用双手接过饭盒：“嗯？”

雷锋笑笑说：“真的！快，吃了吧！你不帮忙，这盒饭不就浪费了？”

王延堂接过饭盒，仍不肯相信这是真的，但他饿得咕咕叫的肚子经不住盒饭的诱惑，只能半信半疑地吃起来。

几个战友在一边议论，于泉洋说：“你看雷锋，干一上午了，他就不饿？我不信。怎么把饭盒给了大王？一样的饭，明明大王自己早上就先吃了午饭，谁让他先吃了呢？”

乔安山说：“你还不理解啊？依我看，雷锋……就是雷锋！”

王延堂三下五除二地把一盒饭“造”了。一旁的雷锋欣慰地笑了。

王延堂把空饭盒还给雷锋，说：“你这个忙，我帮完了。”

雷锋接过空饭盒说：“谢谢你！”

雷锋就是这样，在他帮了别人很大忙的时候，也尽量不让别人觉察出来是他在做好事。

雷锋的袜子补了又补，补得没有样子了，他还在穿着，不舍得扔掉。他的搪瓷脸盆和牙缸用了多年，里里外外都掉了瓷，也一直在用着。有一件从湖南家乡带来的衣服，已经很破旧了，可他时常当工作服穿在身上。

谁都知道雷锋有一个“节约箱”，是他自己用旧木板钉的，平时捡到的牙膏皮、螺丝钉、边角料、破抹布、碎铜烂铁等等，都放在里面，有时修车、修工具就能用得上。积攒得多了，卖给废品站，用那个钱可以给战友们买书或者买连队黑板报需要用的粉笔之类的文具。连队发夏装，上级规定施工部队每人发两套单军装，两套衬衣，两双解放鞋。雷锋主动提出只领一套，另一套给国家节约了。

军区工程兵举办体育运动会，运输连派出人员参加了徒手体操和拔河两个规定项目。太阳当头，酷热难耐，比赛完了，一个个又热又渴，不少战士跑到小卖部买汽水喝。雷锋也想买瓶汽水解解渴，几角钱攥在手上，这时候，送开水的来了，雷锋又把几角钱收起来，转身去喝白开水。

有战友问他：“雷锋，你连瓶汽水也不舍得买呀！”

雷锋笑着说：“白开水也一样解渴呀。”

“那滋味儿可不一样，再说了，你就一个人，攒那么多钱干什么呢？”

“怎么能说我一个人，全国6亿多人呢。咱们国家目前一穷二白，又遇到暂时困难，党中央一再号召我们艰苦奋斗，咱们不得想想，自己做得怎么样？”

“国家那么大，困难再多，还能缺你那几个钱？”

“积少成多呀！”雷锋说：“你算算，每人一天节约一角钱，全国一天节约多少钱？”

雷锋在说这个话的时候，毫无做作之感，他就是这样想的，完全是内心真实的流露。

雷锋如此的胸襟抱负，一个新兵，能有这样的见识，令前来调查和采访的上级机关干部由衷地佩服和称赞。宣传股长吴广信和俱乐部主任陈广生从连队回来后，写了一份《雷锋同志模范事迹材料》，报送韩万金政委审阅。1960年9月，仅有8个月军龄的雷锋，被他所在的中国人民解放军工程兵工程第十团——代号7343部队党委树立为全团艰苦奋斗的“节约标兵”。该团政委韩万金于9月14日以团政治处的名义在印发的雷锋同志事迹材料上加了一段按语：

“最近，党中央发出了增产节约的指示，1960年入伍的新战士雷锋同志坚决响应中央的号召，处处省吃俭用，从不乱花一分钱，以积少成多、点滴成河的精神，把入伍后积存的200元钱，分别支援了人民公社和灾区人民，受到了抚顺、辽阳人民和政府的赞扬。雷锋同志这种勤俭节约的精神，积极支援社会主义的高尚品德，理应成为我们每个同志学习的榜样。”

韩万金政委同时批示：“立即打印30份，发各连党支部和司、政、后机关组织学习，同时上报军区工程兵政治部”，下面是韩万金的签名。

关于雷锋的捐款，还有一笔款项，是在后来得到查实的。1991年，人民解放军总政治部在深入搜集雷锋事迹时，从中国人民革命军事博物馆库存文物中发现了雷锋写于1961年9月19日的《入党转正申请书》，里面记录着这样一个情况：“我接到河南省一个民办学校的来信，他们说，因连续几年遭受自然灾害，造成了一些暂时困难，要我给予他们经济帮助。我读了这封信后，就向首长请示，准备卖掉自己的衣服和皮鞋，支援他们办学。当首长没有同意我这种做法的时候，我心里却感到很不安，连觉也睡不着。我左思右想，后来拿出自己在部队一年零九个月所积攒下来的全部津贴费（壹佰元），支援了干沟民办小学。我把钱寄去了，心里也就轻松多了。”

人们只知道雷锋捐给人民公社和灾区的两次捐款，这100元是怎么回事呢？这件事在以往出版的《雷锋日记》和《雷锋的故事》中也没有记载，所以多年来未经调查核实。

2012年8月，总政治部和济南军区联合采访组来到河南省巩义市回郭镇政府，详细核实了事情的经过。干沟小学始建于1947年。1961年8月，该校教师刘知伦在报纸上看到雷锋助人为乐的报道后，给雷锋写了一封信，介绍了学校办学面临的困难，希望雷锋给予帮助。雷锋 9 月 11 日收到信后，到工商银行抚顺市望花区七百储蓄所取出 100 元人民币，寄给了刘知伦。当时战士每月的津贴费为 6 元钱，这些钱是雷锋从 1960 年 1 月入伍到 1961 年 9 月共 21 个月积攒下来的。在当时，这 100 元人民币可不是一个小数目，对于干沟小学真是雪中送炭。后来，雷锋一直牵挂着干沟小学，于 1962 年写信给干沟小学，询问还有什么困难需要他帮助的。现在的干沟小学已更名为“雷锋小学”。

雷锋还曾寄款援助战友乔安山等人，帮助他们解决家庭生活的困难。

至今仍有人提出问题，当时雷锋所在团党委为什么没有树立雷锋为“助人为乐标兵”“为人民服务标兵”，而“仅仅”是一个“节约标兵”呢？说当时这个“节约标兵”树立得小了。这个说法不妥。雷锋在全团范围最初获得的肯定和表彰，是在勤俭节约上，他个人消费很少，为人民捐献的多，在这样的反差中，足以显示出他思想觉悟很高，而且 1960 年到 1962 年全国范围正处于极度紧张的“三年困难时期”，“节约标兵”的称谓，呼应着当时党中央的部署，牵系着昔日国家的大局，何小之有？

该团政委韩万金看到了雷锋忠于党的事业、艰苦奋斗、为国分忧、全心全意为人民服务的先进事迹后，亲自组织人员进行调查研究，他同雷锋谈话，批阅雷锋的有关材料。在雷锋入伍 9 个月的时候，他提议，团党委决定，树立雷锋为“节约标兵”，发动连队开展“学雷锋，赶雷锋”的活动，他还亲自为雷锋家乡报刊撰写了《我军的光荣，家乡人民的光荣》的署名文章。他在文章中写道：

> “雷锋是我部运输连战士，他入伍不到一年就做出了平凡而伟大的事迹……这些事迹的每一点，都体现了鲜明的阶级性和党性，都建立在为了祖国社会主义事业的基础上，无不闪耀着共产主义的思想光辉。雷锋事迹是一部富有教育意义的活教材。任何同志翻开这部活教材，无不为雷锋同志高尚的思想品德所感动。”

这篇文章充分反映了韩万金这位优秀的政治委员对雷锋同志的先进事迹和雷锋精神的基本评价。人们会注意到，很早的时候，韩万金在文章中就使用了“平凡而伟大”这样的字眼，这是这位政治委员给雷锋品格简洁而精准的定位。

第十二章

雨中护堤

人的生命是有限的，可是，为人民服务是无限的，我要把有限的生命，投入到无限的为人民服务之中去。

是雄鹰，总要展翅飞翔。是青松，定能耐得严寒。

这是个雨夜，运输连车场上，开赴抗洪前线的车队就要出发，估计有十几辆车。全连官兵以紧急集合方式披着雨衣，整整齐齐地站成两列横排。

指导员高士祥在队前大声做动员：“奉上级命令，今天晚上，我们全连同志要赶赴上寺水库大坝抗洪抢险，为了保卫我们的煤都，保卫人民的生命财产安全，我们要不遗余力、尽心尽力地奋战一场。同志们，有决心没有？”

全连官兵在雨中声音洪亮地齐声回答：“有！”

高士祥敏锐的眼睛扫视了一下四班，喊了一句：“雷锋出列！”

披着雨衣、精神抖擞的雷锋向前一步走出队列。

高士祥果决地命令着：“你不能去，留在家里值班。”

雷锋问：“为什么？”

高士祥说：“你肠炎犯了，需要在家休息。”

雷锋坚决地说："这时候，不能把我留下！"

在高士祥身边的连长虞仁昌对雷锋说："你可以表达你的心情，但指导员说的，代表组织，这是命令！"

雷锋硬气地表白："我不想留下！"

虞连长提高了嗓音："雷锋，不要逞强！"

雷锋硬劲上来了，说："我不！"

高士祥沉吟一下，说："你带病去抗洪前线，到了前方会给连队增加负担！"

指导员这话的分量非常重，但雷锋立即回答："我保证不会！"

虞仁昌果断地说："已经决定了，不要再说了。"

雷锋还想说什么，被指导员拦住了。

虞连长看看腕上的手表，挥臂下令："出发！"便立即和指导员跳上了前面的指挥车。

车，一辆接一辆从雷锋面前开过去。车灯骤然明亮，闪过一辆又一辆，雨点似无数斜着射下来的箭从夜空飞下来。雨点打在车篷上，发出"哗哗哗"的巨大响声。眼看车队已经全部驶出车场，雷锋快跑几步，敏捷地从最后一辆车的后挡板上爬了上去。

车队，长长的车队，消失在茫茫的雨雾之中……

在抚顺郊外的上寺水库，一队人马紧张地挥动着锹镐奋战，这就是运输连的官兵们。

高士祥以普通士兵的身份在第一线战斗；乔安山、于泉洋、庞春学这样的“壮劳力”在奋力铲泥块；薛三元班长等用土篮子搬运别人铲下的泥块，飞快地运送着。这时，高士祥发现了雷锋正在挥镐刨着泥块。

高士祥拎着铁锹走过来，喊了一声：“雷锋！”

雷锋回答：“到！”

高士祥生气地说：“你到底来了？谁批准你来了？”

雷锋尴尬地笑笑。

高士祥大声喊：“卫生员！”

有着一张孩子脸的小卫生员跑过来，报告说：“指导员，我来了！”

高士祥向他交代：“你赶快把雷锋送老乡家休息去！”

卫生员答道：“是！”

卫生员等待雷锋上来，可雷锋仍不放下手中的镐，仍在奋力挥动。

卫生员跳下来拉雷锋。

雷锋说：“我不走！”

高士祥严肃地提醒着：“雷锋，服从命令！”

雷锋无奈，被小卫生员拉着揪了上来。小卫生员拉着雷锋走在风雨大坝上，年纪颇小的卫生员对雷锋说：“雷锋，你看书多，会讲故事，上次给我讲的刘胡兰、吴运铎，都挺带劲，你再给我讲一个呗！”

雷锋正在找机会做卫生员的工作，他说：“长话短说，董存瑞、黄继光你知道吧？当年董存瑞手托炸药包一声巨响，黄继光奋不顾身去堵敌人的枪眼，他们在敌人面前是不退却的。我想说的是现在洪水威胁着人民生命财产的安全，洪水就是敌人，抗洪的大坝上就是战场，你说，我们和洪水搏斗还在乎一点小病小灾吗？你说我这样退缩，下了战场，心里能好受吗？我必须返回抗洪前线！”

小卫生员觉得雷锋说得也有道理，便撒开手：“好，我不管了，挨批评受处分，你自己兜着就行！”

风雨大坝上，人山人海，大家奋力持续战斗，后来转入夜战，运输连官兵仍然奋力搏战着。

大坝下的官兵们已经筋疲力尽了，但继续超负荷地干着。雷锋竭尽全力用锹往上面甩泥，他甩两锹，就有一锹的泥全部落下来。泥巴噼里啪啦地往下掉。忽然，他自己甩去的一块特大泥巴掉下来，把自己手中的锹打掉了。他四处找锹没找到，找了半天，仍没有找到。在没有锹的情况下，他用双手挖泥。

高士祥发现了，说：“雷锋，你手破了，快去包扎一下。”雷锋不语，继续干活。

卫生员正好看到，高士祥朝他喊：“卫生员，你看雷锋手指头破了，手上有血，拉他去包扎一下。”他厉声斥责道：“你这个卫生员是干什么吃的？”

卫生员跳下来，要求雷锋上去包扎。雷锋不从：“没事儿，没事儿。”

卫生员拉着雷锋的手，大声喊道：“什么没事儿？你不要命了？这次你得听我一回了，上去休息！难道你没看见指导员都发火了吗？”

雷锋提醒着：“忘了我给你讲的吴运铎了？轻伤不下火线嘛！”卫生员又没有招儿了。

这是风雨大坝的黎明。手握一把锹的韩万金和拎着一把镐的高士祥在指点下面挖掘溢洪道的进度。

韩万金往沟里看，看见了雷锋正在使尽吃奶劲儿地挥锹。韩万金对高士祥批评道：“你们连怎么搞的？把病号都拉上来了。”

高士祥解释道：“他呀，自己爬上车跟来的。怎么劝也劝不下去！”

韩万金笑笑说：“你还是没有本事！”

这时，广播喇叭正在播送抗洪现场兄弟连队的好人好事。广播里说：“六连官兵在没了膝盖的泥水里连续奋战了十几个小时，抢救装满泥土的草袋子。开始是一个人扛，后来是两个人抬，再后来是三四个人在泥水地上拖，到最后都拖不动了，但他们仍坚持奋战着，这是多么动人的场面啊！”广播里说：“五连指战员用两层沙袋牢牢地压实了护坡，在风浪的撞击下，麻袋里的土被刷空了，麻袋被巨浪卷走了，结实的堤坝很快被冲刷出一个个深深的洞，并且不断向深处掏去，五连指战员用自己的血肉之躯手臂相挽，组成了阻挡洪水的特别堤坝。他们被巨浪冲倒了，又站起来，再次冲倒，再次站起，我们的战士是冲不垮的钢铁长堤……”

指导员高士祥想了想，走向雷锋，说：“雷锋，你听见没有？兄弟连的广播，多鼓舞士气啊！现在我给你一个重要的任务，你赶快到大坝广播站，把咱们连的好人好事和进展情况写一写，宣传出去，让全团上下都知道。”

虞仁昌连长也在一旁说：“这是很重要的任务，一定要完成好！”

雷锋立即答应：“是！”他很爽快地接受了这个任务。顺手抓过一件雨衣披上。

高士祥给跳下溢洪道的韩万金使了个眼色，两个人彼此会意地笑了。

雷锋披着雨衣急走在风雨大坝上。他见一个光膀子的战士在打木桩，雨浇得他直打冷战，便走到他身边问：“你是哪个连的？”

那战士答：“六连的。”

雷锋说：“你的雨衣呢？”

那战士答：“不知丢哪儿了。”

雷锋把自己的雨衣脱下，给这个赤背战士披上，嘱咐道：“你可别让雨水浇坏了！”

赤背战士说：“穿上这个干活儿也不得劲！”刚要脱给雷锋，雷锋已经走远。

雷锋来到风雨大坝上的团部广播站，这是用木板和油毡纸搭起的简易小棚。团俱乐部主任陈广生正在这里编稿，电影组组长赵纯业当起了广播员，他对着麦克风在读稿。赵纯业身边有一台播送音乐的老式留声机。

雷锋穿着印有“运输连”三个红字的背心出现在陈广生面前。

陈广生惊喜地发现是他：“啊，雷锋？”

雷锋说：“高指导员让我来广播广播连里的事。”

陈广生问：“广播稿儿呢？”

雷锋说：“在肚子里，还没掏出来呢。”

陈广生说：“那你赶快写，这有纸和笔。”

雷锋接过纸笔，在广播站小棚子里的一个破箱子上写起来。

在风雨大坝运输连执行任务的溢洪道泥水中，高士祥、韩万金等与战士们一起奋战。此时，广播里正在广播雷锋撰写的稿子。是雷锋本人在朗诵：

来到抗洪第一线，
好汉出在运输连。
我们开掘溢洪道，
不怕苦来不怕难！
挥锹挥镐甩大泥，
顶风冒雨把活干！
保卫煤都显身手，
勇为人民做贡献……

乔安山高兴地喊起来："雷锋这是说咱们连呢！"他把一锹泥扬得高高的。

庞春学笑笑："好哇！"他往手掌里吐口吐沫，两臂抡起，奋力下镐。

运输连官兵发出"嗷嗷"的欢呼声。

风雨里，运输连官兵在溢洪道劳动现场干得热火朝天。雷锋跑来跳下沟里，向高士祥报到："报告指导员！你交给我的任务完成了！"

乔安山表扬他："雷锋的稿子写得不错！"

高士祥说："我们都听到了，确实不错。"

虞仁昌说："你挺会诌的，就是跑回来太早点儿！"雷锋疑惑地问："怎么？太早点？"

虞仁昌和高士祥冲着韩万金笑笑。雷锋仍被蒙在鼓里，感到莫名其妙。他拿锹要干活儿，高士祥不让，拽住了他的锹把，说："你把这一段连里的好人好事再收集一下，还得去广播站，接着写，接着广播，搞连续报道嘛！"

雷锋说："连续报道什么呀？抗洪抢险靠实干，还是靠广播？"

高士祥说："广播是宣传鼓动，也很重要啊！"

雷锋明白了指导员是怕累着他这个病号，才让他去搞宣传的，他举起锹，笑着说："指导员，你让我用这个，搞连续报道吧！"

天放晴了，风依旧刮着。溢洪道堤坝上，运输连官兵在休息，有的抽烟，有的喝水，有的闲聊，有的打盹儿，有的背靠背坐在泥水中。

这时，兄弟连来接班了。两个连队交接完毕，高士祥喊了一声：“运输连，撤！”

队伍走下大坝。高指导员担心雷锋的身体，想方设法让他好好休息。

在队伍里，乔安山想起雷锋的歌，便喊一句：“雷锋，再领我们唱一个！”“雷锋在哪里？”“喊了半天，雷锋没有应答，原来他已昏倒在地上。

“雷锋”“雷锋”战友们呼唤着他的名字。陈广生听说雷锋昏倒了，跑过来说：“你们就不该让他来。”高士祥说：“谁也没让他来呀，是他自己……”薛三元说：“我也有责任。”小卫生员说：“指导员下命令不让他来，他死活要来。”高士祥交代说：“卫生员，你扶他到老乡家好好歇歇。该吃药吃药，该打针打针，就是要看住他，看不住他，我处分你！”小卫生员答道：“是！”

小卫生员扶着雷锋来到水库附近一户老乡家，卫生员敲着柴门：“有人吗？”一位老大娘推开门，见到解放军，很高兴：“哎，你们来了，是来抗洪的解放军呀！”卫生员说：“大娘，麻烦你老人家了。这个病号犯了肠炎没好利索，累倒在大坝上了。要在您家里歇歇，麻烦了！”大娘说：“麻烦什么？军民一家，不要客气哈。”

大娘扶着雷锋躺到炕上，雷锋不让，怕把大娘家的被子弄脏了。大娘用毛巾擦擦雷锋身上的泥水。

小卫生员介绍说："他是硬挺着来的。"

大娘嗔怪地说："病了不休息，还逞什么强呢？快上炕暖和一下就好了。"大娘扶着雷锋躺下，又把被子给他盖上。

卫生员拿出药片，大娘急忙拿碗倒开水。雷锋吃了药，有了点精神，起身坐着，不好意思地说："大娘，麻烦您老人家了。"

大娘说："还说呢，你们部队来抗洪，为了谁呀？"

雷锋问："您老贵姓？"

大娘说："我姓张，弓长张。你们是哪个部队的？"

雷锋答："抚顺望花区的驻军。"

张大娘惊喜地："什么？望花区的？"

雷锋说："是呀！"张大娘说："我也是望花区的，我这是到我哥哥家串门儿，被大水隔住了。今年的雨水真大啊，闹了灾了。这不，我哥哥全家都到大坝上去了。"

雷锋端详着大娘："啊，想起来了，怪不得这么面熟呢。大娘，我认出来了，您老是望花区的街道主任，到我们连去过呢。你还领着'拥军小组'给我们洗衣服、补袜子、缝被子，是吧？"

张大娘笑着说："还是年轻人记性好啊！你说这年月，天灾人祸的，都叫我们碰上了……快别说了，话说多了也累呢。你翻个身，肚子朝下，对，烙烙肚子。我去给你弄点吃的。"

雷锋头朝里说："大娘，别忙了！"

雨过天晴，大坝安然。运输连官兵就要撤离大坝了。地方干部和当地群众与部队官兵分别时，恋恋不舍。一个地方干部说："这七天七夜可把你们累坏了！"当地群众抬来几筐鱼，一个老汉走上前说："这是水库的鱼，挖溢洪道堵住的。我们也吃不了这么多。这次抗洪多亏了亲人解放军啊！这几筐鱼，你们带回去，给大家吃了，也算我们老百姓的一点心意！"高士祥说："这可不行！我们来这里抗洪抢险，群众给我们许多照顾，许多帮助，我们非常感谢。群众受灾很重，许多庄稼都被水冲了、淹了，许多人家吃住都发生了困难。在这种情况下，你们还得搞生产自救呢。把这鱼送给供销社换几个钱，总能用得着的。"群众仍不依不饶地抬筐往汽车上放，战士们礼貌又坚决地推拒。高士祥说："不要再让了！我们真的不能拿这鱼。我们还有机会在一起的，再见吧！"他和战士们同地方干部、群众紧紧握手。张大娘握着高士祥的手说："这七天七夜也把我憋坏了，家里一大堆事呢。这回，我也可以回家了！"高士祥："正好，张大娘，你上雷锋的车吧！"

雷锋打开车的右门，把大娘扶上他的驾驶楼，然后从车左侧跳下车。

车队启动出发。

雷锋紧紧地把握着方向盘，微笑地看张大娘一眼，他好像看到了自己的母亲。张大娘手里拎着个小包袱，慈祥亲切地望着雷锋，好像端详自己的儿子。

第十三章

红色园丁

人的生命是有限的，可是，为人民服务是无限的，我要把有限的生命，投入到无限的为人民服务之中去。

1961年9月中旬的一天，这是个阳光灿烂的周日的早晨，运输连来了客人。

驻地小学的大队辅导员老师，带领几位戴红领巾的小同学来到连队，运输连指导员高士祥热情地予以接待。

辅导员老师是带着十团政治处宣传股长吴广信在学校聘请校外辅导员的介绍信上的批示前来的。她说："我们小学的校舍落成了，在落成典礼上，我们学校要聘请几位少先队校外辅导员。我们找到团里，团里让我们到运输连来，请指导员大力支持和帮助我们一下！"

高士祥说："什么是辅导员？辅导员是干什么的？"

辅导员老师把校外辅导员的职责、作用介绍一番，高士祥开始想到部队的任务繁重，恐怕抽不出时间去做这项工作。赵桂珍一再与高士祥协商，终于说通了这件事。

高士祥说："去给少先队员当辅导员是好事情啊！我们有这个义务。不知你们都有些什么条件？"

辅导员老师说：“条件嘛，团里说你们是抗洪抢险先进连队，只要是你们连的，都可以。”

高士祥问：“这么简单？”

辅导员老师说：“对！就这么简单。要是单独提出一点，我们当然希望在这几位校外辅导员里能有雷锋同志。不过，这只是我们的一个想法，到底哪几位同志来当这个辅导员，最后还请部队决定。”

高士祥说：“雷锋和四班的一些同志都可以做这项工作。我们研究一下再答复你们，可以吗？”

辅导员老师说：“可以。我们这几个孩子想看看雷锋叔叔，不知道方便不方便？”

高士祥说：“方便啊！正好今天连队放假。通信员！”

通信员回答：“到！”

高士祥嘱咐道：“你带这位老师和同学们去四班看看。”

通信员答：“是！”回答完，他对老师和同学们说：“跟我走吧。”

在四班宿舍，同学们看到：叠放整齐的被子，在床上像一个个绿色豆腐块，棱角仿佛刀切的一般；一个个腰带放在被子前，笔直地连成一线。

雷锋今天值日，他正坐在小凳子上补一双袜子。

通信员领着辅导员老师和孩子们走进来后，雷锋仍低头补袜子，没有发觉。

通信员说：“指导员让我领这位老师和几个小朋友来看你。”

雷锋抬起头，客气地招呼着："啊！快进来坐！"

一个同学说："这么整洁的床铺，我们哪敢坐呀？"

另一个同学说："解放军叔叔的屋子太带劲了！"

一个同学好奇地问："雷锋叔叔，你还会补袜子啊？"

雷锋说："会啊，什么都得学呀，什么都是学会的。"

雷锋问："你们是来检查我们班的内务的，是吧？"

辅导员老师说："能参观一下就是幸运的啊！今天，我们聘请校外辅导员来了，顺便带这几个同学来看看，认认门儿。"

雷锋兴致勃勃地说："一回生，两回熟。走！我领你们去看看我们连的大汽车！"

孩子们雀跃地欢呼着："好哇，看大汽车去喽！"

雷锋带领辅导员老师和几个孩子来到运输连的停车场。早晨的阳光照耀着一排停放整齐的汽车车身上。

乔安山、于泉洋和庞春学等人正在保养汽车。雷锋高兴地告诉他们："来客人了！'检查团'来了！"

乔安山、于泉洋和庞春学等十分高兴地说："欢迎！欢迎！"

雷锋把孩子们一个个抱上汽车的驾驶楼，给他们讲方向盘是干什么的，操纵杆是干什么的，离合器、制动和油门都是干什么的。孩子们听得入迷了。雷锋又领着孩子们看汽车前面那一条白线，从哪头看都在线上，没有一台车多进一点或少进一点。同学们感到很新奇，他们都说："部队生活太有意思了，太有意思了。我长大也要参军。"

这是深秋的一个上午，在学校整洁的操场上，正在隆重地召开校外辅导员聘请大会。

主席台两侧是鼓号队；台上的座位，除了校领导，就是给雷锋和其他几位将被聘请的解放军校外辅导员留着的。台下坐着上千名小朋友。当主持人、少先队大队辅导员宣布校外辅导员入场时，鼓号齐鸣，全场小朋友起立，整个会场响起一片热烈的掌声。校领导们陪同几位校外辅导员在掌声中步入会场，各就各位。

辅导员老师宣布："现在开会！大会第一项，请校长宣读聘书。"校长宣读聘书："兹聘请雷锋同志和下列一批解放军叔叔担任我校少先队大队辅导员。"他宣读了聘请24位同志担任辅导员的名单，其中解放军16位，还有机修厂团委派来的8名青年工人辅导员。雷锋被聘请为大队辅导员，其他同志被命名为各中队辅导员。

辅导员老师又宣布："现在由少先队员给校外辅导员佩戴红领巾。"在热烈的掌声中，一群少先队员跑上台，给校外辅导员戴上了红领巾。

陈雅娟十分欢快地跑到雷锋跟前，给雷锋戴上了一条鲜艳的红领巾。

紧接着，是校外辅导员的代表——雷锋讲话。

雷锋步伐轻盈地走上讲台，风儿吹拂着他胸前的红领巾，他用手抚摸着红领巾，感慨万千，激动地讲述着："……实际上，四年前，我刚刚摘下了红领巾，今天又戴上了红领巾，感到非常亲切。

红领巾是红旗的一角，我非常珍惜这个荣誉。小朋友们，在你们面前，我已成长为大人；可是在党的面前，在人民的怀抱里，我永远是个孩子。小朋友们，我们将来要做革命事业的接班人，就要从小做到‘思想好，学习好，身体好’，让红领巾一直保持鲜红的颜色，绝不能让它沾染上灰尘。”

少先队特有的清脆而明朗的鼓号声，声声唤醒雷锋对童年和少年的回忆。雷锋还记得自己在荷叶坝小学念书，曾去长沙烈士公园过队日，当时他是一个少先队鼓乐队的鼓手。此刻，佩戴着红领巾的雷锋泪眼模糊。全场少先队员给了他最热烈、最持久的掌声。

雷锋是对孩子特别有责任心的人。过了几天，雷锋亲自帮助大队建立起了他倡导的“三件宝”，第一件宝就是“储蓄箱”。让同学们把家长给的零花钱放在“储蓄箱”里积攒起来，半年或一年再交给本人，这样就可以把零钱凑成整钱，做一些有用的事。比如说，交学费，买本子，还可以照顾生活条件差的、有困难的同学。这样可以使同学从小就养成勤俭节约、艰苦朴素的好习惯。第二件是“聚宝盆”，也就是“节约箱”。这里面放的不是钱，是同学们在上学路上拣到的破铜烂铁、螺丝钉、铅笔头、橡皮、牙膏皮等。桌椅坏了，自己可以修理，他们最爱惜自己的劳动果实，这样就可以培养他们爱护公共财产的好品质。第三件是“针线包”。同学们一定要学会，自己的衣服破了自己补上，扣子掉了自己钉上，这样就能把我们党艰苦奋斗的光荣传统传授给同学们，并让他们继承下来。

雷锋和其他几位辅导员给小朋友们买来了很多书，其中有毛主席的《为人民服务》《纪念白求恩》等单行本，还有描绘黄继光、董存瑞、杨根思、邱少云等英雄事迹的书籍。这些书都是雷锋和几位战士辅导员用自己每月节省下来的津贴买的，在校外辅导员的带动下，校内老师们也买了很多书，这样，少先队的小小图书馆就办起来了，设在“少先大队之家”。

雷锋经常利用晚上5点以后的自由活动时间，或中午休息时间，到学校看看大队的工作，看看同学们。有时候，他直接进教室辅导同学们学习，有的同学作业做不上来，他就帮助给看看；有的同学写不好字，他就手把手地教；有的刚入学，连加减法都不会，他就启发同学们。有时还到老师们的教研室看同学们的作业本；有时与班主任老师或大队辅导员一起去家访，找同学个别谈话。雷锋与同学们很快就建立了深厚的感情。全校28个班，雷锋全都去过，他外出开会或做报告，也想着孩子们。他能叫得上很多同学的名字，知道他们家庭的情况和学习成绩。

有一段时间，雷锋离开了抚顺，到工程兵所属各部队做报告，到沈阳不久，就给同学们寄来一封信，信是这样写的：

亲爱的同学们：

我于本月初，离开了抚顺来到军区，因为时间紧迫没能来得及向小朋友们告别，请小朋友们多原谅，我很想念你们。但我的工作很忙，没有马上回去看你们，因我要先后去大连、营口、辽阳、哈尔滨等各地做报告，等我回来的时候，我要拿工作成绩见你们，你们也要拿优秀的学习成绩向党汇报，咱们要比一比看谁的成绩大。小朋友们，你们要好好学习，天天向上，听党的话，做毛主席的好孩子。最后祝大家学习进步！生活愉快！身体健康！

大朋友——雷锋

同学们收到雷锋的来信，一个个都喜形于色，老师刚念完，大家就热烈地鼓起掌来，要求老师再念一遍，说没听够，再念了一遍后，大家都上来争抢着要亲眼看看雷锋叔叔的笔迹。

假日，在烈士陵园里，少先队队旗在风中飘荡，一队红领巾在烈士墓前宣读着誓言。佩戴红领巾的雷锋也站在少先队员队列里。

周末，在学校课堂上，黑板上写着“一张纸的来历”，雷锋给孩子们讲述纸是怎么造出来的，讲勤俭节约的故事。

傍晚，在新的教学楼前，孩子们在砌花池。雷锋和他们一起摆砖、铲土。他见几个孩子推着一小车砖头歪歪斜斜地走来，赶忙跑过去帮助他们推车，把车上的砖头倒出来。

一个雷雨交加的下午，在学校门前，雷锋穿着雨衣，打着雨伞，护送两个孩子回家。他把孩子交到家长手里，家长十分感激，和孩子一起向他招手，他转身走开，跑进了雨幕之中……

公园里，山林中，远处，有哨子急促的响声。

陈雅娟在喊："都快过来啊！集合了！"

这时，雷锋讲完了故事，孩子们听得入迷了。雷锋站起来，说："走，集合了，都到他们那边去！"孩子们簇拥着雷锋向公园的空地跑去。雷锋左手拉着周重庆，右手拉着何文鲁在飞快地奔跑着。跑着跑着，周重庆的鞋跑掉了一只，雷锋和周重庆回头在草丛中寻找，雷锋捡到了那只鞋。周重庆抬起他丢鞋的那只脚给雷锋看。雷锋以为他的脚划破了，马上蹲下看："你的脚怎么了？"周重庆说："我的脚没事儿，我让你看，你教过我补袜子，这袜子是我自己补的，我奶奶还夸我了呢！"雷锋端详着那只缝补得粗针大线的袜子，欣慰地笑了。

在森林公园的一片空地上，雷锋和孩子们在玩丢手绢、老鹰抓小鸡的游戏。

雷锋在孩子们中间，玩得很尽兴，左扭右摆，也像一个孩子……

公园湖岸边，雷锋和孩子们在排队等船，雷锋掏出一本书来看，是那样的聚精会神。周重庆过来对雷锋说："雷锋叔叔，就这么一点时间你也不放过学习呀！"雷锋说："你知道吗？人的生命是有限的，浪费一秒钟，就等于死亡一秒钟啊！"周重庆若有所思地说："叔叔，我记住了这话，以后一定要制订一个珍惜时间的作息时间表！"

公园湖内，游船如织，孩子们在自由自在地划船。湖面上洋溢着孩子们稚气的纯净的笑声。雷锋和孩子们共同唱起了《让我们荡起双桨》的歌曲：

让我们荡起双桨，
小船儿推开波浪，
水面倒映着美丽的白塔，
四周环绕着绿树红墙……

佩戴着红领巾的雷锋和孩子们微笑的脸庞，像一朵朵光鲜亮丽的花朵。

曾经代表全体少先队员给雷锋叔叔敬献过红领巾的望花区本溪路小学生邹静坤，常和同学们去雷锋叔叔的营房看望雷锋。不论是他出车刚回来，还是训练后的休息日，雷锋总是热情地欢迎他们的到来。时间长了，邹静坤发现雷锋叔叔常常写日记，有好多个日记本。那一本本红色的、淡绿色的、漆布面的日记，12 岁的邹静坤已经十分熟悉了，可心里就是不明白，雷锋叔叔为什么那么爱写日记呢？

一天下午，班主任老师让邹静坤给雷锋送还钢笔，雷锋是离不开笔的。邹静坤飞快地跑到学校对面的营房，啊，真巧，雷锋正在看自己心爱的日记，邹静坤顺势就把心里想了好久的问题提给了雷锋，她说："您为什么这样喜欢写日记呢？写日记都有什么好处啊？"雷锋笑着回答她："那我就告诉你吧，我很喜欢写日记。心里怎么想就怎么写，比如学习或工作有了成绩和收获，都要写在日记里，有了缺点和错误也要写在日记里，经常看看，就能知道比以前进步了多少，找出差距，告诉自己应当怎么改正。写日记也是我的一种学习方法，这不是很有意义吗？”邹静坤又问：“您每天都很忙，开会，做报告，出车执行任务，训练，还要抽出时间到学校去辅导我们，您做了那么多好事，利用什么时间写日记呢？”雷锋说：“时间是紧了点，我不是给同学们说过吗？钉子有两个长处，一个是挤劲，一个是钻劲，我们在学习上就是要提倡‘钉子’精神。我写日记都是利用别人休息或者看电影、下棋的时间写的。”邹静坤的疑问得到了圆满的答案，她想到雷锋叔叔的时间太宝贵了，不能再耽误了，就把钢笔交给了雷锋，雷锋接过钢笔，笑着送邹静坤到营房门口，说：“下次来，别忘了把你的日记带来给我看看，咱们要互相学习，共同进步啊！”

“我也有被别人误解的时候。”这是雷锋对本溪路小学五年级四班中队的中队长王宗慧说的话。这句话是有所指的。一天下午的课，课间有一名女同学从水房里出来，嘴里含一口水吐在一名男同学的后背上。这个行为被王宗慧看见了，她是中队干部，她记着雷锋叔叔常讲的“要帮助淘气的同学共同进步，不能让一个同学掉队”的话，当即就喊住了这位女同学，批评她往同学身上吐水是对同学的不尊重。这个同学顺口说一句：“你管不着！”王宗慧听了这句话就更来气了，严厉地说了一句：“你太不像话了！”这时班主任老师走过来，并没有听清王宗慧说了什么，也不知事情的缘由，就严厉地说：“都给我进教室！”正好这时上课铃响了，同学们很快回到座位上坐好了。这时，老师不问青红皂白地在全班同学面前宣布：“王宗慧作为中队长和同学在走廊吵架，停止你一个星期的中队长工作。”当时，王宗慧委屈极了，她站起来想与老师解释，却被老师叱喝了一声：“你坐下！”她也只好坐下了。

放学后，王宗慧跑到运输连，找雷锋哭着诉说内心的不平。雷锋刚从车场回来，两手都是油泥。王宗慧见到雷锋叔叔，当时眼泪就流下来了。雷锋问：“怎么是你一个人来了？为什么哭呢？”王宗慧哽咽着回答：“您让我们队干部帮助淘气的同学，可我见到……”她一口气把课间发生的事情一五一十地向雷锋做了汇报。雷锋沉吟了一下后，安慰她说：“作为中队长应该帮助同学改正缺点，可也应该注意工作方法呀。这女同学已经把水吐在别人身上了，你要是说找她有事，引开她，那就不会吵起来了。过后再和她谈谈，效果会好一些。我相信她会认错的。你看我说的有道理吗？”

听了雷锋的一番开导，王宗慧点头表示同意。雷锋又对她说：“我也有被别人误解的时候，当时心里很委屈，过后想想毛主席说过的‘有则改之，无则勉之’的话我就不再感到委屈了。”王宗慧问雷锋什么叫“有则改之，无则勉之”？雷锋耐心地讲解说：“比如做错了事就要改正，你没做错，别人错怪了你，也可以提醒自己以后不再做这样的错事。懂了吗？”王宗慧回答：“懂了！”雷锋说：“那就别生气了，受点委屈也是一次小考验嘛。”

听了雷锋叔叔的教诲，王宗慧心里亮堂多了，憋了一肚子的气也消了。

没有想到的是，第二天放学前，老师在全班同学面前检讨了自己错怪中队长王宗慧的事，又恢复了王宗慧中队长的工作。老师还在中队队委会上对其他中队委员说："要像王宗慧学习，主动帮助同学改正缺点。"当时老师这么一说，王宗慧反而不好意思了。肯定是雷锋到学校与老师讲了王宗慧被误会的事。放学后，王宗慧找到老师问："老师，您还生我的气吗？"老师笑着说："不生气，是我做得不对，是你们的校外辅导员雷锋帮助了我，你原谅老师吧！"

建设街小学有一个学生叫王文阁，他是从山东陵县农村来的一位贫困家庭的孩子。他的家乡是一片碱沙地，下雨一片涝，天旱一片白。尤其是1960年的那场自然灾害，陵县是灾区的重中之重，在生活难以维持的情况下，他们全家老小一齐来到了东北抚顺。王文阁就是这样在望花区本溪路小学入学的。刚到东北来，人生地不熟，家里的日子过得依然是紧紧巴巴的，正在念书的王文阁，穿的是山东农村那种陈旧的老式的衣服，而且是长辈们穿剩下的，当时又没有好的卫生习惯，全身脏兮兮的，再加上交不起学费，只能依靠街道委员会开具的减免费用的介绍信。有的同学看不起王文阁，甚至还有的同学对他进行讥笑，王文阁自己也觉得没有资格和其他同学一起享受童年的快乐，他幼小的心灵产生了很强的自卑感。

雷锋来学校给同学们作忆苦思甜报告的那天，王文阁原本是坐在靠边的一排座位的，舒老师特为将他调到中间位置，是想让他听得更清楚些。

大会开始了，王文阁清楚地看到雷锋叔叔就在自己正对面。雷锋讲了好多道理，说明今天的穷和旧社会的苦是没有办法比的，是有本质不同的。今天的困难是暂时的。在毛主席和党中央的领导下，我们能战胜这个困难，社会主义事业肯定会好起来，只要发展生产，我们就不会愁吃愁穿了，雷锋叔叔的报告让王文阁茅塞顿开，一下子明白了很多道理。

王文阁十分感激雷锋叔叔，他多么想单独与雷锋说说自己家里的境况，特别渴望能与雷锋叔叔单独待上一会儿，单独地交流一下……

王文阁在寻找机会。这个单独与雷锋叔叔接触的愿望一天比一天强烈，他一定要实现心中的企盼。有一次，他看见雷锋来学校，去了党支部刘书记的办公室，他在等待，心里有些忐忑不安。他见雷锋叔叔从刘书记的办公室里走出来，正好他身边没有别的人，他心中窃喜。他知道自己穿戴破旧，若是让老师和同学看到自己这个样子就来找雷锋，他们肯定要批评他。现在没有别的人在场，面前只有雷锋一个人。王文阁大步迎上去，给雷锋行了一个九十度的鞠躬大礼。王文阁知道自己现在还不是少先队员，只能行这样的礼，他脖子上没有大多数同学都有的红领巾。雷锋开始只顾得往前走，没太注意到这个突然给他行大礼的同学。当看到王文阁时，一下子愣住了。没等王文阁开口，雷锋先说话了，他说：“小同学，你好！”并主动走过来要拉起王文阁的手，王文阁往后躲闪，想藏起自己的手，这是一双又黑又脏的小手，他担心会吓着雷锋叔叔。他后悔这么唐突地来找雷锋，自己现在这个样子，这不是给雷锋叔叔添麻烦吗？他正准备跑开，雷锋看出了他的窘迫，马上扶住了他的左肩，亲切地说："别怕，没关系。"听到这句暖心的话，王文阁才有勇气说出了自己的心里话。雷锋丝毫也没有嫌弃他的意思，主动握住了王文阁的小黑手，特别亲热地问他是哪个班的。王文阁说自己是一年级一班的，在一楼东头那个教室。

王文阁想继续诉说自己在肚子里憋了很久的话，可是这时竟然全忘了，一句也想不起来，不知说什么好。又是雷锋先开口，他问："你有什么困难吗？"王文阁赶紧说："没有，没有。我只是想问您，像我这样的穷孩子，是不是和您小时候一样？"雷锋特别想给这个小学一年级的小同学的问题一个答案，他耐心地解释说："不，不，绝对不一样。你的家庭现在有困难，是因为目前国家正遭受自然灾害的影响，一时政府照顾不过来；再说，你现在的条件和旧社会的受苦受难是完全不同的。在旧社会，劳动人民过的是牛马不如的生活。今天，你生活在新中国，贫穷只是暂时的，咱们这个社会主义大家庭，只要有党和毛主席的正确领导，生活总会一天比一天好的。要想过好日子，吃好穿好，就要全国人民共同努力，大家一齐动手从事建设，很快就会富裕起来的。"王文阁听了雷锋的解释后，虽然不太明白，但直点头，雷锋右手搭在王文阁的肩膀上，亲切地说："你要好好学习，长大了才能掌握科学知识成为对社会有用的人，才能对社会主义建设做出有益的贡献。好了，以后你要好好听老师讲课，好好学习，天天向上，做毛主席的好孩子。还要注意讲究卫生。"说完这些话，雷锋又笑着问道："能做到吗？"王文阁点了点头，非常诚恳地说："能，能，我一定能做到。"

临分手时，雷锋说了一句：“我过几天再来看你。”

王文阁想到雷锋叔叔一天那么忙，有多少人需要他的帮助，他都惦记着，今天自己多么幸运啊，能和雷锋单独说这么多的话。雷锋叔叔答应再来看他，也许是一句礼貌的话吧。

没想到在一个周六的下午，王文阁刚上完最后一节课，同学们都背着书包放学了，王文阁家穷，没有书包，用的是妈妈手工做的一个手提布包，他不好意思提着，只好捧在怀里。他一走出教室就碰上了雷锋。雷锋等他很久了，看见他走出教室，立即迎上来，笑着问他：“放学了？”接着说：“我看你来了，学习有进步吗？”王文阁内心无比温暖，他回答：“比以前有点进步。”雷锋说：“这就好嘛！”他们一边说着，一边往门卫那里走。当走出了校门，雷锋叔叔从他的挎包里掏出四个学生用本：两个算术本和两个方格本，还有一打铅笔，是整整一打啊！他顺手拿过王文阁的手提书包给他装在里面，很郑重地对他说：“一定要学好语文和数学。语文学不好，理解能力就跟不上；若是不用功学好数学，科学知识就无法解答。还有，要在德智体几个方面都能跟上，才能成为好学生，才能成为对社会主义有用的人才。尤其对于科学知识，一定要深钻细研，我给你这些学习用品先用着，以后有机会我再来看你。”

由于雷锋的关怀和辅导，王文阁的学习成绩有了明显的进步，各方面表现都很出色，还当上了班级的劳动委员。劳动委员在劳动方面肯定要带头。有一天学校烧锅炉用煤，雷锋叔叔开车来到学校，下车后，就见王文阁脸上手上都是煤灰，就用手套给他擦。雷锋告诉王文阁，这次是外出执行任务，顺便看他。看见他左臂上带着少先队中队干部才有的“两道杠”，高兴地说：“这次你不用说，我一看就知道你有进步了，以后还要刻苦学习，争取有更大的进步！”这一次，令王文阁更为惊喜的是，雷锋叔叔回到汽车的驾驶楼里，给他拿出一套《十万个为什么》，递给他，对他说：“这套科学丛书是我特意为你买的，拿回去后一定要结合课堂上学的用心看，这套书中讲的都是科学知识，对你一定会有很大的帮助。”王文阁接过这套沉甸甸的书，眼里的泪水止不住地流下来了，他情不自禁地说：“雷锋叔叔，谢谢您！”雷锋说：“这次你已经用行动谢过我了！”边说边指着他臂上的“两道杠”，脸上洋溢着笑容。雷锋转身上了车，手握方向盘，从车窗探出半个身子对王文阁说：“我祝你能成为对国家有贡献的人。”这次王文阁仍然对雷锋叔叔行了一个九十度的鞠躬礼，因为他刚加入少先队不久，还未习惯少先队员的队礼。

雷锋在赠给王文阁的书上写道：“愿你插上幻想的翅膀，去探索大自然的奥秘，长大成为一名科学家。”

王文阁原名崔炳文。他铭记着雷锋对他特殊的关怀和期望，一直努力学习科学文化知识，用“钉子”精神在科技领域刻苦钻研，后来取得了丰硕的成果，他的发明已有两项获得国家专利：

1. 实用新型专利证书　第 136595 号

实用新型名称：一种补偿增力的驱动装置

专利号：ZL92.2.08890X

专利号申请日：1992 年 5 月 9 日

专利权人：王文阁

中华人民共和国专利局　高卢麟

1993 年 6 月 20 日

2. 实用新型专利证书　第 137128 号

实用新型名称：双胎式节能感应电动机

专利号：ZL92.2.249210

专利申请日：1992 年 6 月 18 日

专利权人：王文阁

中华人民共和国专利局　高卢麟

1993 年 7 月 17 日

另有发明专利申请初步合格通知书一份：

申请人或代理人：王文阁

申请号为：91111419X

王文阁的发明专利曾多次获奖，主要如下：

1. 1993 年 7 月 8 日他发明的“双胎式节能感应电动机”，荣获锦州市人民政府、锦州市科学技术委员会颁发的当代发明荣誉证书。

2. 1993 年 9 月，他发明的“一种补偿增力的驱动装置”技术，荣获当代专利、科技成果转让博览会金奖。

3. 1993 年 11 月，他发明的“JDQ-1 型系列感应电动机节电器”，荣获由国家科委和广州市人民政府联合主办的第五届中国新技术新产品博览会银奖。

4. 1993 年 12 月，他发明的“双胎式节能感应电动机”，“JDQ-一系列感应电机节能装置”，荣获全国专利科技成果精品城金奖。

5. 1993 年，荣获中国爱迪生金奖，证书号码：D9545688 号。

在这里，罗列了王文阁个人成长的成果，这些成果不是专业人员是弄不清楚到底有多么重要的。这是雷锋辅导众多学生中一个较为特殊的例子。雷锋对这个有自卑感的孩子，给予了特殊的关心和帮助，让我们感觉到：雷锋教育孩子是很有办法的，他的爱心温暖了孩子，展现了雷锋精神的前瞻性、实效性和巨大的人格魅力。

雷锋不管做什么，都十分认真而投入。作为一名校外辅导员，雷锋像辛勤的园丁培育幼苗一样，细心引领新一代树立正确的人生观，鼓励孩子们从小事做起，健康、茁壮地成长。

第十四章

党的怀抱

人的生命是有限的，可是，为人民服务是无限的，我要把有限的生命，投入到无限的为人民服务之中去。

雷锋虽然年纪轻轻，但他加入中国共产党却走过了漫长的道路。中国共产党，就像远方高悬的明灯，指引着他，一步一步向前，从一个少不更事的幼稚的孩子，成长为一个成熟的为党和人民的事业奋不顾身英勇搏斗的战士。

雷锋小的时候就有远大的志向，他在家乡湖南省望城县荷叶坝中心小学读书时，是第一批加入中国少年先锋队，第一个戴上红领巾的孩子。当雷锋从班主任老师手中接过红领巾后，他高兴地系在自己的脖子上，严肃认真地说："红领巾多美丽啊！它是先烈的鲜血染红的。我长大以后，一定尽自己的力量来建设祖国，培养更多的少先队员。"

那时候课余时间，雷锋就喜欢读书，特别爱看英雄的故事。《真正的战士》他读了好几遍，还在书上写道："董存瑞真勇敢，我要学习他为祖国为人民献身的精神。"看完《把一切献给党》后，他写了一篇心得，上面有这样一段话："吴运铎同志是我学习的最好榜样，他鼓舞我前进，教育我全心全意为人民服务。我一定像他一样，长大后努力工作，把一切献给党。”

“把一切献给党”，这是中华人民共和国成立初期，英雄战士吴运铎所写的一本书的书名。这句誓言，也正是雷锋在人生道路上不断加深认识、不断强化的一个意志，一个愿望。

雷锋在学校时是少先队大队的文体委员，是大队的旗手和鼓手。他那么小的年龄，就多次向大家讲：“少先队是少年儿童的先锋组织，一定要做好团的有力助手。对每个人来说，我认为一辈子有三件大事，这三件大事就是参加少先队、共青团和共产党三大光荣组织。”他还说：“我们只有好好学习，天天向上，听党的话，听毛主席的话，才能达到上述之目标……”

唱支山歌给党听，
我把党来比母亲。
母亲只生了我的身，
党的光辉照我心！

旧社会鞭子抽我身，
母亲只会泪淋淋。
共产党号召我闹革命，
夺过鞭子揍敌人。
共产党号召我闹革命，

夺过鞭子，夺过鞭子揍敌人！

这是雷锋抄在日记本里的一首歌词，抄写的时候，雷锋一定想到了自己痛苦的童年：爸爸被日本鬼子打得遍体鳞伤，惨死在家中；妈妈领他讨饭，好不容易讨到两个糙米面馍馍，妈妈给他一个，另一个没舍得吃，给了另一个陌生的讨饭娃娃；想到了妈妈悬梁自尽；想到不满 7 岁就成了孤儿的他在山上砍柴，与地主婆争吵，被地主婆砍了手，手上鲜血涌流；想到了家乡解放，背着书包上学；想到在彭乡长家里的事；想到在团山湖农场开拖拉机；在鞍钢开推土机；想到穿上军装的那一天；想到了在欢迎新战友的大会上讲话……

雷锋一生的歌，都是唱给党听的。

雷锋于 1957 年 2 月 8 日加入了共青团，他是县级机关团组织里年龄最小的一个团员。他的诚实、热情、勤奋赢得了人们的尊重和赞扬。当时的县委机关党支部根据他的表现和入党的迫切要求，经研究后，把他列入了党员发展对象。

雷锋曾在日记里多次写到他梦见毛主席的情形：

昨天我听到一位从北京参加积极分子代表大会回来的同志做报告。他说，毛主席在北京接见了他们，毛主席的身体很健康，对我们青年一代无比的关怀和爱护。当时我的心激动得要蹦出来了。我想，有一天我能和他一样，见到我日夜想念的毛主席该有多好，多幸福啊！可巧，我在昨天晚上做梦就梦见了毛主席。他老人家像慈父般地抚摩着我的头，微笑着对我说："好好学习，永远忠于党，忠于人民！"我高兴得说不出话来了，只是用手擦拭着感激的热泪。早上醒来，我真像见到了毛主席一样，浑身是劲，总觉得这股劲，用也用不完。

我决心听党的话，听毛主席的话，永远忠于党，忠于毛主席，好好地学习，顽强地工作，为党和人民的事业贡献自己的一切，做一个毫不利己的人。我一定争取早日实现自己最美好的愿望，真正见到我们最伟大的领袖毛主席。

有一次，《解放军画报》摄影记者吴加昌到团里来采访。一天晚上，吴加昌要到暗室冲洗胶片，雷锋十分感兴趣，他要看看底片是怎么冲洗出来的。他们一起到了暗室，雷锋觉得很好奇。胶片冲洗完了，他们走出了暗室，这时天已晚了，吴加昌想请雷锋帮忙上街给买些点心，雷锋无意中看见吴加昌钱夹里有一张毛主席的照片，这是吴加昌在中南海为毛主席拍的。这一瞬间，雷锋欣喜极了，他强烈要求把这张照片送给他，做永久的纪念。吴加昌对此也有些不舍，因为他也不是总有机会给毛主席拍照的。雷锋见吴加昌不舍得给他，急得差点掉下了眼泪。雷锋对吴加昌说，自己曾多次梦见毛主席，为此特别高兴，可是没想到很快就醒了，他真希望这个梦做得时间再长一点。雷锋仍苦苦地哀求着，最后，吴加昌终于把这张照片送给了雷锋。

把党的领袖当成自己最亲的人，一定要加入这个给自己无限温暖和希望的组织。这就是雷锋心中一个宏伟的目标。

填一张申请表，在支部大会上审查通过并得到上级党组织的批准，这是在组织上入党，这是有形的入党；而真正领会党的宗旨，懂得为什么加入这个党并心甘情愿地为之奋斗终生的道理，这是无形的在思想上入党。

雷锋在思想上入党的过程，是从学习毛主席著作开始的。

雷锋如饥似渴地学习毛主席著作，他说："时间紧，可以看一页是一页，积少成多。学习，不抓紧时间不行。""挤时间读书，早起点，晚睡点，饭前饭后挤一点，行军走路想着点，外出开会抓紧点，星期假日多学点。"雷锋把人的主观与客观、能动与被动的辩证关系讲得十分清楚，难怪后来，毛主席曾这样赞扬雷锋说："此人懂点哲学。"

雷锋说："毛主席著作对我来说好比粮食和武器，好比汽车上的方向盘。人不吃饭不行，打仗没有武器不行，开车没有方向盘不行，干革命不学习毛主席著作不行！"

1960 年雷锋入伍，他把毛主席著作带到了部队里。入伍刚刚两个多月，他就在日记中写道："我学习毛主席著作以后，懂得了不少道理，脑子里一豁亮，越干越有劲，总觉得这股劲儿永远也使不完……我要永远记住：'一滴水只有放进大海里才能永远不干，一个人只有当他把自己和集体事业融合在一起的时候才能有力量。'"

转眼到了深冬，这是一个雪花飘飘、清静的晚上。在运输连静悄悄的停车场，雷锋在驾驶室里那盏昏黄的灯光下聚精会神地看书。高士祥走到他车前，他都没发觉。高士祥轻轻地叫了声：“雷锋！”雷锋这才发现指导员来到了车窗前，他热情地问候：“指导员，还没休息啊？”高士祥打开车门坐进来：“还说我，你呢？”高士祥看见雷锋手里的书是《毛泽东选集》第二卷，字里行间有画过红色横线的地方。高士祥看着这些画红线的话语：“共产党员的先锋作用和模范作用是十分重要的。共产党员在八路军和新四军中，应该成为英勇作战的模范，执行命令的模范，遵守纪律的模范，政治工作的模范和内部团结统一的模范。”“共产党员应是实事求是的模范，又是具有远见卓识的模范。”“共产党员又应成为学习的模范，他们每天都是民众的教师，但又每天都是民众的学生……”

高士祥和雷锋并肩坐在驾驶楼里，温习着这些重要的话。

雷锋入伍十个月就入了党，这在和平建设时期，部队党的建设历史上，几乎是绝无仅有的。对于这个年轻的士兵，这是多么大的荣耀，多么大的喜讯啊！这天晚上，雷锋写下了一篇对党充满感激和热爱的日记，表达了自己继续向前奋斗的决心：

1960年11月8日，是我永远不能忘记的日子。今天，我光荣地加入了伟大的中国共产党，实现了自己最崇高的理想。

我激动的心啊！一时一刻都不能平静。伟大的党啊！英明的毛主席！有了您，才有了我的新生命。我在九死一生的火坑中挣扎过，盼望光明的时刻，您把我拯救出来，给我吃的、穿的，还送我上学读书。我念完了高小，戴上了红领巾，加入了光荣的共青团，参加了祖国的工业建设，又走上了保卫祖国的战斗岗位。在您的不断培养和教育下，我从一个穷孩子，成长为一位有知识和觉悟的共产党员。

伟大的党啊，您是我慈祥的母亲，我所有的一切都是属于您的，我要永远听您的话，永远做您忠实的儿子。

今天我入了党，使我变得更加坚强，思想和眼界变得更加开阔和远大。我是一名共产党员，人民的勤务员。为了全人类的自由、解放、幸福，哪怕高山、大海、巨川；为了党和人民的事业，就是入火海上刀山，我心甘情愿，头断骨粉，身红心赤，永远不变。

1960年11月26日，沈阳军区《前进报》用两个整版的篇幅，宣传雷锋的事迹。在一版，发表了《毛主席的好战士》的长篇通讯，刊登了军区杜平副政委意义深远的重要批示手迹，报道了沈阳军区工程兵党委决定授予雷锋同志“模范共青团员”称号的消息，同时配发了《不忘过去，发奋图强》的社论。这期《前进报》下发到部队后，一场大规模的学习雷锋的活动，便在沈阳军区范围内逐步开展起来了。

1961年5月，雷锋被提为副班长，仅仅过了一个月，雷锋就升为四班班长了。原来的薛三元班长提升为二排排长。这天，薛排长带领二排有关人员检查各班的内务卫生，来到了四班。戴“值日员”袖标的乔安山对薛排长说：“排长，你刚上任，这内务就抓这么紧啊！”薛排长拿着小本记着什么：“全连评比，要挂流动红旗的。”薛排长指着一张被子叠得很松垮，腰带也放得斜斜的床，问：“这是大高的床吧？”乔安山答：“是。”薛排长问：“他怎么弄得这么窝囊？”乔安山说：“我还没收拾到他那张床呢。”薛排长说：“这不是你值日员职责范围内的事，他本人应该叠放的整齐些。”

为内务不整齐的事，雷锋在营房外同大高谈话，他们谈得很僵。大高气呼呼地说：“咋的了？不就是被子没叠好吗？”雷锋也有点生气，说：“排里检查床铺弄得不合格，你拉了全班的成绩！”大高说：“我看这形式主义搞得太严重了！我们住的这简易营房，有什么必要做这假象呢！”雷锋说：“简易营房也是军营啊！”大高说：“咱们是汽车兵，不是步兵，咱们这活儿就特殊，你半夜回来，我半夜出车走了，要求整齐划一，能做到吗？像步兵连队一样要求，能行吗？”雷锋说：“汽车兵怎么了？汽车兵不是解放军？军队的内务条令对谁都是适用的。汽车兵有什么特殊的？你汽车兵的被窝搞得像鸡窝似的，也不行！”大高说：“谁的被窝像鸡窝了？不要侮辱人！”说完扭身就走了，雷锋追着喊他：“大高！大高！”大高倔强地走了，连头也不回。

大高回到宿舍，蒙着大被子躺在自己的床上，雷锋追到宿舍里，喊：“大高，你给我起来！”大高不语。雷锋把他的被子掀开，大高说了一句：“我病了！”又用被子把头蒙上。雷锋很生气，一时不知如何是好。他气呼呼来到连部，对连长虞仁昌请求说：“连长，无论如何你得去看看，大高因内务的事装病卧床不起，这叫什么兵！批评他两句，他就受不了了！我还受不了呢。连长，你去把他叫起来，替我做做工作吧！”

虞仁昌把水杯送到雷锋面前，说：“你坐下，慢慢说。”

雷锋不情愿地坐下，手里端着连长给他的杯子。

虞仁昌说：“当了班长，你大胆管理是对的，努力搞好内务卫生，严格要求战士，也是对的。可是，你也要注意方式方法。你要学习你前任班长薛三元，他现在是二排排长了。四班交给你，你得负起责任来。四班是归你管，还是归我管？大高做得不对，可是这个工作还得由你去做。我去把他叫起来了，以后你这个班长怎么当？”

雷锋听了连长的话，觉得很有道理。他把杯子放下，站起来说：“连长，你放心，我知道该怎么做了。”

雷锋让炊事班做了一碗热乎乎、香喷喷的面条汤，他把汤碗端到大高床前，招呼他起来吃点。大高用疑惑的眼神看着班长，摇摇头又躺下了。

雷锋打来一盆热水，用毛巾在热水里投了几下，拧了几拧，用热毛巾给大高擦额头、擦脸。大高再也受不了，一把抓住雷锋的手，诚恳地说：“班长啊，是我错了！我不该……”说完，立刻起床下地了。

雪夜，在运输连车场，四班长雷锋在哨位上持枪站岗。一辆汽车出车归来，停泊在空出的车位上。大高从车上下来，主动和雷锋打招呼：“班长，你的岗啊？”雷锋说：“快到点了。这样的天气你出车辛苦了！”大高笑笑，打着呵欠从雷锋身边走过。

战友们都在安睡，大高轻手轻脚地推门进了宿舍，他拍打自己衣服和帽子上的雪花，又从床下拽出自己的脸盆要洗漱一下，想一想，又推了回去，上了床就钻进了被窝，他把棉裤反盖在被子上，忽然发现棉裤屁股的位置，有一片被什么烧过的小洞，烧焦的棉花都露出来了。他起身摸了摸，“唉”了一声，打个呵欠，他太困倦了，什么都顾不上了，一头躺下去，很快就睡着了。

乔安山来接雷锋的岗，两个人互相敬礼，交接枪支，乔安山站在哨位上，雷锋回到宿舍。他走过大高的床，无意间看见了大高棉裤上烧的那片洞，便轻轻拿起棉裤细看，心想：“烧这么一片洞，怎么不补一补呢？”他把棉裤拿到门外走廊细看，像是被硫酸烧的。他立即打消了睡觉的念头，把棉裤放到窗台上，想了想该怎么帮他补上。灵机一动，他先摘下自己的棉军帽，毫不犹豫地把帽衬儿拆了下来。他想到补棉裤还需要点棉花，又灵机一动，悄悄来到连部勤杂人员的宿舍。文书、通信员和小卫生员都呼呼地睡得很香，他不忍心喊醒他们。他四处寻找，看见了墙上挂着的红十字卫生包，就把卫生包摘下来，打开，从中找到一包药棉花，然后回到宿舍走廊里，把药棉撕开，铺垫在大高棉裤被烧的洞上，大小正好够用。他又把自己帽衬中间的圆形布放在棉裤的破洞上，也是正好遮盖住棉花……

灯下，雷锋打开自己的针线包，穿针引线，细心地缝着棉裤，缝了好一会儿，才把大高的棉裤缝补好。

临近拂晓，那个缝好的棉裤又悄悄地放回大高的被窝上。大高仍在酣梦中，脸上有笑意。雷锋看了看，回到自己床前，解开军衣上的扣子，刚要脱衣服睡一会儿，就听到那嘹亮的起床号声，如啼鸣的雄鸡一样响了起来……

一队队战士在出早操。运输连以排为单位，练习正步，立正，稍息，齐步走，跑步。

跑着步，大高下意识地摸了摸自己的棉裤，自言自语地说：“哎，怎么补上了？谁补的？”

队列里的大高和其他战友一样，正在把右脚抬得很高，做短暂的固定动作，他又下意识地用背过去的右手摸了一下棉裤上的那片洞，真的，已经补好了，他很惊奇，脸上显现出了莫名其妙的表情。

出操回来，大高嚷嚷开了：“谁做了好事了？我的棉裤昨晚睡下时还有个窟窿，早上起来没了！奇怪不？是不是有‘海螺姑娘’啊？”

无人应答。

乔安山凑上去看，问：“哎呀，你这是怎么烧的？”

大高说：“别提了！走那盘山路，很颠簸，把硫酸颠出来了。我坐到上面，就把裤子烧了个窟窿，幸亏没烧了我的屁股。”

乔安山跟他开起玩笑：“烧了屁股，你就成美猴王了！”

一句话把大家逗得哈哈大笑。雷锋听到大高和乔安山的话也笑了，他没吱声，走到走廊里给战友烤鞋垫儿去了。

走廊里，小卫生员一脸猴急地闯过来，嘟囔着：“也不知是谁干的，我睡一宿觉，卫生包里的药棉丢了一包，我非查个水落石出不可！”

雷锋站起来挡住他，小声地："哎哎，别查了，没丢，没丢。我拿去有急用了！"

小卫生员怀疑地问："你？有急用？"

雷锋忙说："对，对！"小卫生员仍迷惑不解，打量着雷锋，以为他什么地方负了伤呢。雷锋放下手上给战友烤的鞋垫，往火墙的火炉里加煤加柴，火炉里的火旺旺地燃烧着。

雷锋品德高尚，心胸坦荡，接受新鲜事物特别快，当了班长后，接触他的一些干部无论谁帮助出点子，他都能很快地吸收和采纳，变为自己的工作经验，以前管理方式简单、生硬的缺点，在不长的时间里得到了克服。年底，雷锋领导的四班被评为先进班。

雷锋少年时崇拜的偶像冯健，在一本杂志上看到雷锋在部队的先进事迹介绍后，非常感动。她当即写信给雷锋，表示向他学习。没过多久，雷锋就给冯健回了信，还寄来一张珍贵的照片，就是报刊上我们看到的雷锋擦拭"解放"汽车的那一张。雷锋在照片的背面，亲笔写了两行字："冯健姐姐，我永远向您学习。为共产主义事业奋斗终生——雷锋 1961 年 6 月 4 日"。

雷锋暗暗在心里发誓："现在我是一个共产党员，'一个共产党员，只有当他闭上了眼睛的时候，才有权利停止斗争。'我决心为党和阶级的最高利益斗争到底。"

1962 年，各级领导根据雷锋的表现，经过慎重的研究，做出了两个决定，一是同意雷锋作为特邀代表出席沈阳军区首届团代会，二是军区给工程兵一个名额，作为1961年北京国庆观礼的代表。

当雷锋听到指导员高士祥告知他，党委批准他成为中国共产党的一名党员的刹那间，他本能地像一个孩子依偎在高士祥的怀抱里，感动得大哭……

应该说，党既是抽象的，也是具体的。具体到每一个党员，每一个党的干部。还可以说，雷锋依偎在高士祥的怀抱，就像是依偎在党的怀抱……

雷锋抄写到日记本里的那首歌曲，那首歌词是那么准确地抒发了雷锋充满感恩的情怀：

唱支山歌给党听，
我把党来比母亲……

第十五章

群英论坛

人的生命是有限的，可是，为人民服务是无限的，我要把有限的生命，投入到无限的为人民服务之中去。

候车大厅门外聚集了一堆人，围了一个圈儿。雷锋走近一看，圈里面是一位大嫂，抱着一个三四岁的小孩子，在哭。好心人在跟她说："你再找一找，兴许能找到。"大嫂说："我都找几遍了，车快开了，今天走不了了，可咋整？"大嫂继续哭着。雷锋问："大嫂，你丢什么了？"大嫂说："车票。"雷锋疑惑地说："车票？"大嫂说："是啊！"雷锋问："大嫂，你从哪里来啊？"大嫂回答："我从铁岭的张家沟来，到瓦房店回娘家。"雷锋问："大嫂，你是几点的火车啊？"大嫂说："12 点零 7 分"雷锋看看表，把大嫂手中的孩子接过来，说："大嫂，快跟我来！"大嫂不动，看着他。雷锋催促着："快点，眼看来不及了！"

雷锋把孩子抱在怀里，大步向售票处走去。大嫂迟疑地跟着他。雷锋买完了票，把票交给大嫂，又把大嫂和孩子带到检票口，吩咐道："你带孩子快走，还有 12 分钟就开车了。快！"大嫂拉着雷锋不松手："大兄弟呀，你是哪个部队的？叫什么名字？"雷锋笑笑催促着："你要还我车票钱呀？大嫂快走吧！"大嫂感动地说："不是这意思。大兄弟，人在难处时遇到这样的好心人，我不能忘了。你不告诉我不行，刚才急死我了，若没你，我和娃儿就得在这车站蹲一宿了，家里还不知道我出了啥事呢。"雷锋问："你一定要知道？"大嫂说："一定！"雷锋说："好，我告诉你，我叫解放军，就住在中国。"说完转身就走，边走边回头向大嫂和孩子招手。

大嫂抱着孩子怔在那里，泪眼汪汪，嘴里念叨着："解放军……中国……"她呆呆地望着雷锋的背影渐渐消逝了。

在车站的天桥上，检完票准备上火车的雷锋走上天桥，遇到一个白发老大娘背个大包儿，拄着棍儿，蹒跚地向前踱步。雷锋急走几步，赶到大娘身边，问："大娘，您老怎么一个人上车？"白发大娘说："是啊，去看儿子，就我一个人啊。"雷锋搀扶着她说："我们一块走吧！"白发大娘说："你不嫌弃我拖累你呀？"雷锋说："不嫌弃。"说完，接过大包，搀扶着大娘走下天桥，并扶着老人上了火车。

在一个小站，列车停下了，外面雨下得很大，车站月台上有工人在往车上搬运很大的包裹，雷锋冒雨跳下车去帮助工人搬运包裹。列车开动前，他又跳上了车。

雷锋在两节车厢的过道擦拭身上的雨水。列车员递给他一条热乎乎的毛巾，雷锋接过来感激地向列车员点头致谢。列车员嘱咐道："快把衣服脱了吧，湿成这样，容易感冒。"雷锋迟疑地脱下上衣，露出那件印有"运输连"字样的背心。

列车员一直盯着雷锋，雷锋感到莫名其妙。雷锋把毛巾还给列车员，回到自己的座位上，翻开一本《中国青年》阅读。列车员看了一会儿，惊讶地跑到列车员休息室，翻出一张《人民日报》，又跑出来。她站到雷锋面前，一会儿看报纸，一会儿看雷锋，她说："如果我没搞错的话，你是雷锋同志吧？"雷锋问："你怎么知道我叫雷锋？"列车员说："前些天，我们组读《人民日报》上的文章，文章标题好像是《苦孩子成为优秀的人民战士》，有好几张照片，就是你呀！"雷锋笑着承认："你猜对了。"列车员跑出车厢，去召唤女列车长和另外几位列车员一齐拥过来，惊喜地说："雷锋就在这儿，就在我们车上！"女列车长十分意外地问："什么？雷锋？你没搞错吧？"列车员惊喜地问："雷锋在哪儿？"她们跑到雷锋所在的车厢，纷纷争着和雷锋握手，有的还请他签名……有些旅客也好奇地簇拥过来。

空旷的山野，长长的轨道。列车隆隆地前进。列车鸣叫着，不可阻挡地向前飞驰……

1961 年 7 月，雷锋光荣地当选为人民代表，出席了辽宁省抚顺市第四届人民代表大会。

1962 年 2 月，雷锋又以共产党员的身份成为特邀代表，出席了在"八一"剧场召开的沈阳军区首届共青团代表会议，并被选为主席团成员。这个团代会，对于雷锋来说，在他人生旅途和军旅生涯中掀开了重要一页。这是他政治思想和人格走向成熟和趋于完善的精彩亮相，这是一个群英荟萃的盛会。这个盛会由于雷锋的参加，陡然增加了热烈的气氛。因为这正是宣传和学习雷锋先进事迹高潮的前奏。会议通知中明确规定："会议将邀请若干名在战斗、训练、海边防斗争、施工、营建、生产以及在军队其他建设方面，做出卓越贡献的英雄模范人物为特邀代表参加会议。"会议代表们都熟知雷锋的事迹，有的把报纸上发表的雷锋日记摘抄在自己的本子上，以鞭策自己进步。

1962 年 2 月 18 日，参加会议的代表从军区的各条战线来沈阳报到，报到地点是军区第一招待所。代表们看到，一位佩戴中士军衔的战士，圆脸上有一双微笑的眼睛，他个子虽然不高，但长得很可爱，他在认真地扫走廊，倒痰盂，刷厕所，总是忙个不停。大家都认为他是这个招待所的服务员。待到开饭的时候，又见这位小个子战士，穿着褪了色的紧袖棉袄，到伙房，到餐厅，给各桌端盘子、抹桌子、洗碗筷，大家又猜测他该是这个食堂的炊事员。

某部特务连战士王元朝是出名的神枪手和技术能手，他是部队的一个先进模范，他和雷锋一样既是这个会议的特邀代表，也是大会的主席团成员。他早就知道雷锋的大名。1960 年 11 月 14 日，雷锋到他们部队干部集训队做过报告，是指导员回连队后传达了报告的内容，王元朝虽然了解了雷锋的事迹，却从未见到过雷锋本人长什么模样。

大会开幕那天，在宣布主席团名单的时候，王元朝听到雷锋也参加了这个大会，并且也是主席团成员。他很想认识一下雷锋，主席台上这么多人，哪个才是雷锋呢？王元朝在主席台上的座位，就在第一排沈阳军区司令员陈锡联的左边，他小声地问陈司令："刚才宣布雷锋也参加了这次大会，哪位是雷锋呢？”陈司令对王元朝说：“呶，就是坐在你身边的那位呀，你挨着的不就是雷锋同志吗？”雷锋听到了王元朝和陈司令的对话。此时的王元朝既激动，又惭愧，雷锋就坐在自己的身边，他竟然不知道。原来就是报到那天见到的那个中士啊，就是大家都以为他是招待所服务员、食堂炊事员的那个面带微笑的战友啊！会议已经开始，王元朝不便说话，便对雷锋笑笑，紧紧地握住了雷锋的手。

会议休息时，雷锋走下主席台与人交谈。王元朝急忙跟上去，想与他说话，一时不知从何说起，见他穿着褪色的军装，便说到军装的事。王元朝说：“会议代表都穿着新军装来的，你怎么不穿新的呢？”雷锋笑了笑说：“这衣服不是很好吗？这比旧社会不知好了多少倍。”会后，回到部队，王元朝才知道，雷锋在发新军装时，只领一套，另一套上交给国家了。

在主席台上，军区副政委杜平身体不大好，总是咳嗽、吐痰，雷锋就把一个痰盂端过去，放在首长的脚下，开完会雷锋还记得把痰盂倒掉，刷洗干净再拿回来。这样的一件小事让王元朝佩服得五体投地。

雷锋是一个谦虚善学的人。他知道王元朝在特务连，身上有硬功夫，一次雷锋陪他去商店买牙膏，路上就好奇地让王元朝教他几下子。他们俩在路上就比划上了。

王元朝注意向雷锋学习，观察他的一举一动。晚上，雷锋要看书，担心耽误同屋的人休息，就到走廊里找个有灯的地方看，不管多么晚，雷锋也要坚持写日记。洗漱间里有人忘记关水龙头，雷锋一定会走过去把它关上。宿舍里白天亮着灯，他一定会去把它闭了。人们晒的衣服从绳子上掉到了地上，他一定会随手捡起给挂搭在绳子上……

一同出席军区首届团代会的代表、某部副班长任宝林和炮兵某部炊事班长刘思乐对雷锋怀有崇敬之情，便结伴相约，在 1962 年 2 月 24 日的晚上十点多钟，一起访问了雷锋，雷锋很热情地接待了他们。

刘思乐 1939 年出生，比雷锋大一岁，河南孟州人，1959 年参军，比雷锋入伍早一年，是一个很有故事的人物。他入伍两年，当过炮手，喂过猪，磨过豆腐，漏过粉条，做过酱油、烧酒，晒过盐，养过鸡，喂过马……先后干过 18 种工作，他始终把个人理想置于祖国的需要之下，别人不愿意干的工作，他干得满腔热情、有滋有味，他干一行，爱一行，并且干一行很快就成为这一行的行家里手，成为这一行的尖子，被称作是“不生锈的螺丝钉”。他和雷锋一样，是首届团代会的特邀代表，同样被选为大会主席团成员，与雷锋同住在沈阳军区第一招待所的 316 房间，与雷锋床挨着床。在军区首届团代会上做了《做一颗不生锈的螺丝钉》的典型发言，受到了人们的称颂。

刘思乐和任宝林一起探访雷锋的那个晚上，刘思乐谦虚地请雷锋看一看他的发言稿，希望能帮助他修改一下。

雷锋接过刘思乐的发言稿，认真地阅读，很真诚对他说：“《做一颗不生锈的螺丝钉》标题，要是再加上一个‘永’字该多好啊！这样是不是既生动又感人，又鞭策了自己呢？”一番话说得刘思乐连连点头，顺手将笔递了过去，雷锋就在刘思乐的发言稿上，在标题“不生锈”的前面，加了一个“永”字。

他们谈话的话题，就从螺丝钉开始了。这是一次优秀的战友之间的一次“高端论坛”。

刘思乐告诉雷锋，他一直把做一颗不生锈的螺丝钉当作自己的人生选择。有人说，“螺丝钉”的理想太“小不点”，不伟大。刘思乐在自己生活的那个区域已经很有名，走在街上，人们会认出他。有一次他走在街上，遇到几个学生，他们指认他说，那个就是刘思乐，也叫“螺丝钉”。“刘思”两个字与“螺丝”发音差不多。其中一个胆子大的学生跑到刘思乐跟前问他：“解放军叔叔，他们说你叫‘螺丝钉’，对吗？”刘思乐说：“你告诉他们，在中国，我这个‘螺丝钉’可是单名独姓，这个名字还没有人冒名顶替过呢！当‘螺丝钉’有什么不好？”刘思乐对孩子们说：“你们看，万吨巨轮，飞奔的列车，哪一个不都是有千万个螺丝钉连接组成的，虽然它和轰轰的机器相比，似乎微不足道，但没有螺丝钉的连接固定，哪一辆机车也不能疾驶前进，对不？”学生们听了后，觉得很有道理，他们已经顽皮地叫他“螺丝钉”叔叔了，并表示自己长大后，也要像叔叔一样，做一颗“螺丝钉”。

刘思乐对雷锋说，从 1959 年到现在，他做演讲有上百次了，演讲的题目就是做一颗不生锈的螺丝钉。有些听演讲的人都记不得他真名叫刘思乐，只记得他叫“螺丝钉”，甚至记者采访他，也管他叫“螺丝钉”。

雷锋听到这里，高兴地说：“这是一种政治荣誉，祖国建设正缺少你这样的螺丝钉呢。我觉得，把螺丝钉作为人生位置的代词，比喻全心全意为人民服务的精神，既形象，又贴切。一颗颗螺丝钉连接着大大小小的机件，使机器成为一个坚实的整体，它的作用和价值是不可低估的。说真的，我真羡慕你有一个‘螺丝钉’的名字，让我们携起手来，做一颗永不生锈的螺丝钉吧！”

刘思乐带着感激的心情对雷锋说：“你在‘不生锈’前面加上一个‘永’字，这一个字真的是值千金啊！我和你一样，都是从旧社会过来的，只读了两年书，做一颗永不生锈的螺丝钉，在理论上，在实践上，很有探讨价值。我正要向你请教，怎么样当好螺丝钉呢？”

雷锋在与战友探讨时，也是发自内心表达着一种向往：“要做一个品格如螺丝钉一样的人，最重要的是要牢记我党全心全意为人民服务的宗旨，要树立毛主席教导的全心全意为人民服务的思想，把热爱党、热爱人民的一腔热血，倾注在自己所担负的工作上，在岗位上创一流，多做贡献。”

刘思乐说到有的人声称自己爱干什么就干什么，还有宣言似的顺口溜：“不当螺丝钉，不当砖，不当老黄牛把套拴！”

雷锋立刻严肃地说：“螺丝钉的可贵，在于默默奉献，我赞成‘不想当元帅的士兵不是好士兵’这个话。人活一世总要有一个较高的奋斗目标，但不是每一个人的奋斗目标都能实现的，在社会主义建设时期，人们选择自己发展道路的时候，总要受到社会发展阶段各种条件的制约和影响。我们部队是一个军事集团，有保卫祖国的特定任务，安排你干的工作，有很多不符合自己的兴趣，有的工作累一点，脏一点，学不到什么技术，但如果这山望着那山高，都不安心自己的本职工作，部队哪里还有战斗力，怎样赢得反侵略战争的胜利呢？”

刘思乐说：“一个人如果不顾客观条件而依旧抱着个人的算盘不放，必然会自怨自艾，毁了自己。把自己比作元帅，当不上时会产生被埋没的痛苦，还是把自己比作螺丝钉好，在生活中到处都有自己的位置。”

雷锋延续着他的思维接着说：“世界上一切大的和好的东西，全是由小的、不显眼的东西组成的。社会上大量的事是那些看起来很平凡的工作，热爱平凡岗位的人，同样是最光荣的人。如同工人做工，农民种地，服务行业的补鞋、理发、养猪、做饭，如果要是没有这些平凡而艰巨的劳动，如果没有千百万人民群众的革命实践，就没有伟大的事业。伟大出于平凡，平凡孕育伟大。我们干的每一行，都和伟大的共产主义事业紧密相连。依我看，只有热爱自己岗位的人才能把革命的利益看得高于一切，把为人民服务看作最大的幸福和快乐，无保留地把自己的青春献给人民的人，才配得上‘螺丝钉’这个称号，甘当螺丝钉的人，是属于那些为共产主义自觉奋斗的人。”

刘思乐喜欢打破砂锅问到底，遇到雷锋这样一个思想开阔而言谈不凡的谈伴，不会轻易放弃继续求问的机会，他向雷锋请教怎样才能做到永不生锈的时候，雷锋说："一个革命者，不仅要有为人民服务的思想，还要有为人民服务的本领。党要求我们做又红又专的人，不认真学习专业知识，没有干革命的真本领，当炮手的打不中目标，驾驶员不会排除车辆故障，炊事员做的饭菜大家都不爱吃，就不能在建设社会主义中发挥作用。"

刘思乐说："有人认为螺丝钉好当，不用操心费力，叫干什么就干什么就是了，应该怎样认识这个问题呢？"

雷锋说："这种看法太片面，太狭隘了。您的报告里讲得好，当螺丝钉就是要干一行，爱一行，专一行，拧在哪里就在哪里闪闪发光。要'爱'、'专'、'闪闪发光'，就要如饥似渴地学习，努力掌握本行的业务，做好本职工作。"

听雷锋一番话后，刘思乐受到深刻的启发，他感慨地说："在我们的时代，只甘当螺丝钉是不够的，而应该启发人们自强不息的精神，在自己的岗位上创造性地工作，中国缺少的不只是拧在哪里都没有怨言的'螺丝钉'，应该给'螺丝钉'加上科技的翅膀，让每个人都在自己的岗位上做出更大的贡献。"

雷锋说："一个革命者要有远大的共产主义理想，既要树立全心全意为人民服务的思想，还要掌握为共产主义奋斗的能力。依我看，'螺丝钉'精神，就是牢记为人民服务的宗旨，要把个人理想置于祖国的需要上。科学技术是为人民服务的本领，螺丝钉与科技相结合，这个'螺丝钉'才能最大限度地发挥作用。螺丝钉作用的大小，要看每个人所掌握的科学技术和本领。”

这时，任宝林才插上话，他对雷锋说：“我们这次访问您，变成了螺丝钉精神研讨会了。我喜欢打破砂锅问到底啊，雷锋同志，请您谈谈当好‘螺丝钉’和共产主义理想的关系，好吗？”

雷锋沉思了一会儿，对两位战友深情地说：“我认为两者是理想和行动的关系。每个共产党员和共青团员都要有为共产主义事业奋斗的远大理想，又要有奋不顾身、无私奉献、当好螺丝钉的实际行动。我十分尊敬董存瑞、黄继光这些为人民英勇献身的英雄，十分尊敬为社会做出巨大贡献的卓越人物和先进模范人物，也同样尊敬那些在平凡岗位上忘我工作、从不计较个人名利地位的平凡的人。伟大出于平凡，没有平凡的工作，就没有伟大的事业。革命战争的胜利，是靠广大指战员一个一个地消灭敌人，一寸一寸地夺取阵地积累起来的。社会主义事业的每一项成就，是靠一件件具体工作圆满完成取得的。共产主义事业是人类历史上最伟大的事业，要经过若干代人的努力奋斗，完成无数具体工作才能实现。只有通过若干代人千千万万个‘螺丝钉’，坚持不懈地做好一项项具体工作，才能把共产主义理想变为现实。就是到了共产主义，也少不了服务行业，‘螺丝钉’精神不仅是我们这一代的需要，而且应该代代相传，在五彩缤纷的世界上有一条螺丝钉之路。我们下决心共同走这条路，你们说好不好？”

刘思乐和任宝林表示赞成，心情十分振奋。他们拿出本子和笔，请雷锋为他们写赠言。他在任宝林的本子上写道：“我觉得，一个革命者活着就应该把自己的毕生精力和整个生命为人类的解放事业——共产主义事业全部献出。”

雷锋在刘思乐的本子上写道：“让我们携起手来，做一颗永不生锈的螺丝钉！”

这个属于年轻战友的欢乐的夜晚，这个属于先进分子思想激情碰撞的夜晚，他们美好的青春在为祖国为人民的事业中闪烁着耀眼的光芒。他们这个夜晚的畅谈，充满了看似普通却蕴含着无比深邃的哲理。甚至这三个战友所探讨的深度和广度，其质量，一点也不亚于在“八一”剧场大会讲台上隆重的演说。

在与战友交流思想畅谈情怀之后，雷锋郑重地在自己的日记本里写道：

一个人的作用，对于革命事业来说，就如一架机器上的一颗螺丝钉。机器由于有许许多多的螺丝钉的连接和固定，才成了一个坚实的整体，才能够运转自如，发挥它巨大的工作能力。螺丝钉虽小，其作用是不可估量的。我愿永远做一个“螺丝钉”。螺丝钉要经常保养和清洗，才不会生锈。人的思想也是这样，要经常检查，才不会出毛病。我要不断地加强学习，提高自己的思想觉悟，坚决听党和毛主席的话，经常开展批评与自我批评，随时清除思想上的毛病，在伟大的革命事业中做一个永不生锈的“螺丝钉”。

正是通过无数次这样的交谈，雷锋敞开心扉，把他许多有深度的思考公开出来，传播开来，才成为雷锋精神的核心内容。当然，这让我们联想到早年他在望城县跟随张兴玉书记走在堤坝上，他随脚踢起又被张书记捡回的那枚螺丝钉，联想到鞍钢车间主任于明谦给他讲述的螺丝钉的故事……

1962 年 2 月 27 日，沈阳军区首届共青团员代表会议全体代表通过了《给军区全体共青团员的一封信》，信中明确号召全军区广大共青团员和青年，要以毛主席的好战士雷锋等先进人物为榜样，掀起一个学先进、赶先进的竞赛热潮，让雷锋等人的先进事迹和先进经验在部队中开花结果。

第十六章

好兵永生

人的生命是有限的，可是，为人民服务是无限的，我要把有限的生命，投入到无限的为人民服务之中去。

谁也不会想到，雷锋在距出席军区首届团代会仅仅半年的时间，他的生命会走到终点，这对所有熟悉雷锋的首长和战友以及人民群众，都无疑是一个晴天霹雳！

1962 年 8 月 15 日，星期六，上午 10 时许，雷锋从工地开着 13 号嘎斯汽车拉着被服物资回到连里，马上到连部找到连长虞仁昌报告，雷锋说：“张副处长讲，汛期快到了，需要把给养和器材运足，车子有些不够用。我的车子已到了三级保养时间，车况不太好，请连里及早安排保养才好。”

虞仁昌对雷锋说：“车辆保养，连里会安排的。你去休息吧，下午再讲好了。”

雷锋没有离开，接着虞仁昌的话头说：“连长同志，我有个建议，我这个车子不要送团修理所了，我们自己的修理班就能保养，交给我们修理班吧。重要零件可以拿到修理所去加工。”

虞仁昌听了雷锋这番话非常高兴，立即回答说：“你这个意见很好，快回去休息吧。”

雷锋向连长敬了一个军礼后就出去了。

雷锋出去也就十多分钟的工夫，河南入伍的韩振马急急忙忙地跑到连部，气喘吁吁地报告说：“连长，不好了，雷锋，雷锋出事了！”

虞仁昌二话没说，闻讯立即跑到连部后面，看见雷锋倒在地上，雷锋的副驾驶乔安山把雷锋扶坐在地上。虞仁昌蹲下去大声喊：“雷锋！雷锋！”雷锋毫无知觉，没有任何回应，只见他左眼眼圈发紫，左鼻孔流出淡淡的血水来。在他身旁有一根方木杆子被撞断了。虞仁昌命令身边一个战士快去，把教练场的教练车开过来。

很快，汽车教员王广湘把车开了过来。虞仁昌亲自把雷锋抱上汽车，让汽车直接开往望花西部医院。车刚停在医院急诊门前，虞仁昌把雷锋背到了二楼抢救室。

在医院急诊室，值班大夫杨镇芳和耿庆春检查后，诊断为严重左颅骨凹陷骨折并伴有血污。

闻讯赶来的医生和护士对雷锋火速进行抢救。医生说雷锋体温太高了，虞仁昌急忙到楼下买了一箱冰棍儿对雷锋进行降温。雷锋的体温降下来了，突然呼吸又停止了。医护人员采取措施，进行人工呼吸，让雷锋的呼吸恢复了。

这时，一位医生问：“你们谁是负责人？”

虞仁昌回答：“我是！”

这位医生心情很沉痛地说：“他的伤势很重，是颅骨骨折，内部出血，生命有危险。”

虞仁昌一下子惊呆了，怎么能到生命危险的程度啊？他含着眼泪焦急万分地对医生说：“他是毛主席的好战士雷锋啊！请你们无论如何都要千方百计把他救活啊！”

西部医院领导得知被抢救的伤者是雷锋，特别重视，立即抽调出最好的医务人员，由外科主任张锦川、副主任郭文元、耿庆春及护士朱金城和赵桂荣等组成抢救小组，全力以赴，医生还多次进行人工呼吸，外科主任张锦川写了一张便条，派车去沈阳军区陆军总医院把他的老师请来，他的老师是陆军总医院外科主任段国升教授。

虞仁昌手里攥着这张字条，仿佛攥着雷锋能存活的一线希望，他没有吩咐身边任何一个战士，立即亲自折返小路，万分火急跑回连里。连里的官兵们一下子都围了上来，他们都知道刚才发生什么事了，一个个关切地问：“雷锋怎么样了？”“雷锋怎么样了？”

虞仁昌顾不上回答任何提问，这时他脑子里只有一个念头，就是紧急派人把军区总院的专家请来。他把那个仿佛能挽回雷锋生命的字条郑重地交到白福祖手上，此时胜过了交代的千言万语，只说：“你快点，即刻开车去沈阳……”

白福祖接过连长交给他的医生写的字条，眼含泪水说：“只要能把雷锋同志救活，我牺牲生命也情愿！”

虞仁昌看着白福祖激动的样子，忙说：“不，雷锋要救，你也要注意安全！”

恰好这个时候，团司令部的军务股长闻讯赶到运输连，虞仁昌便灵机一动用请求的口吻说：“股长同志，我们白副连长的心情太紧张，能否请您跟车一起去趟沈阳，以便坐在驾驶室里帮助指挥一下？”

军务股长慨然接受了虞连长的请求，他和白福祖两个人迅速驾车离去。

他们走后，为了增加可靠性，虞仁昌又派出汽车教员王广湘开出另外一台车随后跟去。

虞仁昌旋风似再次回到医院。不久，雷锋的呼吸又停止了。乔安山此刻泣不成声了。

在场的运输连干部和战士都不愿接受雷锋停止呼吸这个消息，他们含着眼泪再三央求医生，请医生想尽一切办法抢救雷锋的生命。

此时，在场的医务人员与雷锋战友们的心情是一样的。他们也不甘心接受雷锋停止呼吸这一结局，接连做了多次人工呼吸，但都起不到作用。医生等不及段国升教授的到来，征求虞仁昌连长的同意后，他们切开了伤者的喉管，进行呼吸处理，只见伤者腹部起伏了一下，又停止了。经过约 20 分钟的处理，张锦川主任放下了听诊器，失望地说：“实在无能为力了，你们料理后事吧。”这个结果一宣布，在场的人，顿时失声痛哭，悲痛欲绝。

1962 年 8 月 15 日 12 时 05 分，雷锋经抢救无效而永远地离开了我们。等到白福祖副连长把段国升教授接来医院时，雷锋已经停止呼吸一个小时了。段国升这位专家也无力回天，只能深表遗憾。

此时，运输连指导员高士祥正在团后勤处开会。会议是在张协理员宿舍开的。只听电话突然响起，张协理员拿起话筒，里边没有声音，气得协理员把话筒扔到一边搁置了足足有几分钟。张协理员说："总机搞的什么名堂？"有人插话说："是不是话筒坏了呀？你再摇摇看看。"张协理员拿起电话一听，不是话筒坏了，而是总机把各级领导的电话全接通了，里边有人讲话说："通报一个不幸的消息，雷锋发生了重大事故。"连续讲了好几次，当然这不是给某个人打来的电话，是类似电话会议那样，对这件重大事件的通报。这个通报连续讲了好几遍。张协理员听了之后脸色都变了。开会的同志们都愣了，张协理员结结巴巴传达电话里的通报："雷锋，雷锋发生了……"

高士祥一下子懵了，一句话也说不出来。心里猜想雷锋到底是怎么了，是与乔安山开车翻到沟里了？还是撞到人了？

正在大家都十分焦急时，团里领导来电话，通知后勤处的孔处长和高指导员赶快准备回抚顺运输连。高士祥和孔处长跑到了公路上，正好团里的一辆车经过这里。他们上了车才看见团政委和政治处主任都在这个车上。

高士祥指导员和韩万金政委等人到连队的时候，干部战士一个个垂着头，抚顺市和望花区的领导，还有周围的群众，学校的老师和同学，听说雷锋出事了，都急急忙忙地赶来了。

高士祥这时顾不上与别人打招呼，急切地想知道雷锋到底怎么了，是出了什么样的事情，雷锋此刻在哪儿？一战士告诉他："雷锋在西部医院抢救呢。"高士祥跟随韩万金政委挤出人群，直奔医院，远远看见一群白大褂。也不认得哪位医生是主要的。韩万金第一句话就问："雷锋在哪里？"回答说在医院的太平房。"太平房？"这是放死人的地方啊！听到"太平房"三个字，韩万金和高士祥立刻懵了，他们不顾一切赶到医院的太平房。虞仁昌正领着战士给雷锋擦身子、整容，穿崭新的军装，还有袜子和鞋。虞仁昌和原四班班长张兴吉一边给雷锋擦身，一边哭着大声呼喊："雷锋！雷锋！雷锋呀！"声声令人痛心，在太平房里的战士一个个都早已哭成了泪人。

进入了阴森的太平房，高士祥和韩万金不由自主地眼泪一个劲地往下流，止也止不住。

两天前，8月13日的下午，高士祥去团施工工地参加全团政工会议，晚上睡前到雷锋班去看望，雷锋简要介绍了班里的情况，高士祥对此很满意。

14日晚上，雷锋还到高士祥指导员的宿舍（都是在老乡家里），向他说起车管李助理员指示明天赶回抚顺望花修理所进行车辆三级保养，争取五天修完赶回来。高士祥告诉他，施工任务处于收尾阶段，任务很重，如果不抓紧时间对车辆进行保养，部队10月末返回营区，四班还有给各连往回拉物资的任务，如果车保养不好，完成任务会有困难。他们谈话后，雷锋高高兴兴地回去了。

15日也就是今天早上，高士祥还看见雷锋和乔安山从一间小草房往车上扛被服物资呢，高士祥问雷锋什么时候走，雷锋说，吃过饭就走。高士祥叮嘱他俩要注意安全。雷锋还让指导员放心呢，这才过去几个小时啊！

高士祥想到这里，情不自禁地大哭起来，韩万金急忙把他拉走了。

韩万金指示高士祥和虞仁昌一起回连部，向军区工程兵领导报告雷锋牺牲的详细情况。

运输连两个主官回到连队时，抚顺市和望花区的领导，十团的领导，工程兵机关的领导，坐了一屋子的人。他们都是来听连队主官的汇报的。

虞仁昌简要介绍了雷锋遇难的经过，他说："雷锋和乔安山把车从铁岭下石碑山村开回抚顺连队驻地停车场后，雷锋到连部向我请示说，他们两人已商量好了，不将车开到修理所修理，他们自己要干，准备把车开到九连厨房门前，用自来水冲刷车子，中午就可以晒干，下午请王教员和白副连长指导和帮助，他们进行保养，这样既可以缩短保养的时间，又学到了技术。当时乔安山还曾问过一句：'保养车时咱们没有工具行吗？'雷锋回答说：'我到修理所去借。'我同意他们的想法，并表扬了他们这种对工作积极主动和赶任务、学技术的负责精神，雷锋高高兴兴地向我敬个军礼就回到了车场。不到10分钟就听到房后大喊大叫'雷锋'……"他介绍到这里，韩万金问："乔安山在哪？"回答说是被禁闭起来了。韩万金指示高士祥把乔安山放了。他说："不能死了一个人，再死第二人，你要负责他的安全，不要让乔安山发生意外，千万不能再死一个了。"

高士祥指导员和曹玉德副连长立即来到乔安山被禁闭的地方，这是家属来队宿舍的一间小屋。有两个战士持枪而立，为解除乔安山的紧张感，高士祥故意大声对哨兵说：“你们还在这干什么？政委让你们回去，乔安山没事了。”乔安山见到指导员来到身边，边哭边说：“指导员，我有罪呀，这么好的班长让我给撞死了，让我跟班长一起去死吧！”高士祥劝了半天，乔安山的情绪才缓过来，高士祥询问乔安山这件事的整个过程。

乔安山一五一十地叙述了当时的情形，这与其他人转述的有所不同。

乔安山讲述的情景是这样的：当时雷锋从连部回来，把连长同意的意见告诉了乔安山，然后两人争抢手摇把子摇车，那个时候都是用手摇铁杆的摇把子打着火发动车。乔安山没抢过雷锋，雷锋把手摇把子抢了过去，由乔安山开车，雷锋拿手摇把子从近道赶到九连伙房门前等候。乔安山将车开到九连连部向左拐弯时，车停住了，乔安山当时担心汽车保险杠右侧还差 20 厘米就顶到九连连部的房子了。左右轮边有棵杨树，相距 15 厘米左右，在向前约一米远有一根柞木方子，埋在地下 50 厘米深，上面拉着 8 号铁线，一直拉到炊事班门前，约 70 米左右长，中间用钢筋支着，平时给干部战士晾衣服、晒被子用。这时乔安山没敢往前继续开，车停下后，乔安山把头伸到车门外喊班长，雷锋听见后立即前去问怎么回事？乔安山告诉他说：“班长，你看看能不能撞上房子？”雷锋左右看看便问：“方向盘打死了没有？”乔安山说：“打死了。”雷锋在前进方向左侧用手指挥着。当时乔安山方向盘回轮很快，结果车左右轮将木方给挤倒了，木方与拴在树上的铁线被拉断，木方向左前方弹了出去，正好砸到雷锋的头部，惨剧就这样发生了。乔安山对高士祥说："如果当时慢一点就不会出事了。"乔安山向高士祥介绍说，当时他还不知道出了事，等他把车开到伙房停下时，才发现雷锋躺在地上呢。乔安山急忙边跑边喊："雷锋班长，班长……"他把雷锋抱了起来，这时雷锋的鼻子、嘴都往外喷血，喷了他一身。乔安山抱着雷锋的头大声哭叫着，他的哭声、喊叫声惊动了九连留守的两个战士，他们从菜地里同时跑出来。乔安山对身边战友说："快去找连长！"虞连长在连部听到了喊声也跑了出来。连长看到雷锋倒在地上，只喘气，不睁眼，也不能说话，虞连长急得直打自己的嘴巴，他让在车场训练的白副连长和曹副连长赶紧开车来，白副连长立即把一辆嘎斯车开来了，赶紧把雷锋送往西部医院。当把医生找来时，雷锋已经有点喘不上气来了。医生立即给他输氧，氧气也不管用，一位医生就骑在雷锋身上给他做人工呼吸，同时医院给军区总医院打电话请院里的脑外科专家来。连长派白副连长开车去军区总医院接专家。白副连长着急，车开得特别快，沈阳的交通警察都感到奇怪，要拦下他的车，白副连长大声喊："是救人！救人！"他一直没有停车，他的车到沈阳军区总医院时，脑外科专家已在门口等着了。

军区总医院的教授赶到抚顺西部医院时，雷锋已经停止了呼吸。

这时，两个护士把雷锋送到了太平房，用白色被单盖上了。乔安山也跟进了太平房。护士走了后，一个老头来了说："你出去不？我要锁门了。"乔安山说："我不出去，你锁吧！"

军区总医院的专家无比惋惜地责备自己说："我来晚了，我来晚了！我没有完成任务！”教授说：“如果他能及时赶到，是可以保住雷锋的生命的，但人也要残废。”在老教授说这些话的时候，乔安山被陈排长和两名战士带走。乔安山被关进连队的临时禁闭室，这是连队后勤招待所的一间小屋，有两个战士在门外站岗。自从乔安山被关进禁闭室，以后的事情他就不清楚了。

乔安山对高士祥说：“我当时想，雷锋让我给撞死了，我也活不成了。最低也是无期徒刑。真没想到领导还把我放出来了。还和同志们一样对待，我只有感谢党，感谢领导，我要用我的全部力量和实际行动，弥补我的罪行，来完成雷锋没有完成的任务。”

高士祥一直担心乔安山再出事，所以乔安山走到哪里，高士祥就跟在哪里。乔安山再三要求高士祥让他去看看雷锋的遗容，高士祥带他去了，他在雷锋遗体前，趴在地上一个劲地大哭，经再三劝说才离开。

这天下午，乔安山正在宿舍坐着抽烟，高士祥来找他谈话。高士祥指导员说：“事故已经调查清楚了，雷锋已经牺牲了，你要化悲痛为力量，不要背什么思想包袱。”

雷锋生前，曾谈到生与死，他是这样说的：

“人生总有一死，有的轻如鸿毛，有的却重如泰山。我觉得一个革命者活着就应该把毕生精力和整个生命为人类解放事业——共产主义全部献出。我活着，只有一个目的，就是做一个对人民有用的人。当祖国和人民处在最危急的关头，我就挺身而出，不怕牺牲。生为人民生，死为人民死。”

为了表示对雷锋的尊敬，连队决定由正副排长以上干部为雷锋的遗体站岗，全副武装给雷锋守灵，半个小时一换班。其中选出四名战士参加守灵。雷锋的好战友于泉洋在守灵时，心里总是想着雷锋没有死，幻觉中雷锋就是在睡觉，他太累了，应该好好歇一歇了。他从小受了那么多的苦，他给人间那么多的爱，老天怎么能夺走他的生命呢？

1962 年 8 月 17 日下午一时，“公祭雷锋同志大会”在望花区委礼堂举行。

参加公祭大会的，有沈阳军区机关、沈阳军区工程兵机关、工兵十团有关领导同志，有团内各营、各连的代表，有抚顺市和望花区有关党、政领导及工会、共青团、妇联各级领导，各学校的师生代表。

闻讯赶来了好多群众，都要求参加雷锋的追悼活动。凡来者，都佩戴上了白花和黑纱。实际前来参加追悼会的人远远超过了预想的规模。望花区委礼堂根本装不下这么多人，干脆在外边院子里临时扯线，放上了扩音喇叭。礼堂内外站满了人，送来的花圈数也数不清。沈阳军区机关送来的花圈有两米多高，直径一米五，上面还有纸扎的彩蝶，看上去就要飞起来一样。那天仅往墓地接花圈的大解放车就用了好几台。

公祭大会庄严、肃穆。雷锋的灵柩停放在礼堂台上正中，沈阳军区机关送的花圈放在灵柩正中。棺椁下面竖立着披着黑纱的雷锋遗像，其余的花圈分两侧摆满了台上、台下。十团首长和连队领导、雷锋生前战友全副武装轮流守灵。雷锋生前所在连连长虞仁昌和指导员高士祥，一左一右扶着雷锋的灵柩。

主席台上挂着大幅横额："公祭雷锋同志大会"，两边的挽联分别是："学雷锋不怕苦，不畏难，以行动作纪念，争当五好战士"；"学雷锋对敌狠，对己和，化悲痛为力量，共练杀敌本领"。

十团政委韩万金在公祭大会上致悼词，运输连指导员高士祥介绍了雷锋的生平事迹。

公祭大会结束后，人们按顺序随着哀乐从雷锋的灵柩前面走过去，做最后的告别。

承载着雷锋灵柩的汽车从望花区委大门开出来，这时人们才发现，自发前来参加雷锋追悼活动的工人、机关干部、学校的老师和学生、普通居民计有数千人之多。

雷锋的灵车经过和平大街去烈士公墓，送葬的队伍浩浩荡荡，路两边站满了默默为雷锋送行的人们。

1962 年 8 月 17 日下午 3 点半，抚顺市和望花区的交通部门为保证送葬车辆顺利通行，限制了其他车辆来往。十团特务连两台军用摩托车在前面开道，紧跟在这两台摩托车后面的是一台军用三轮摩托车，由运输连排长谢伯林擎着雷锋的遗像坐在上面。后面就是灵车，为了让灵车能安安稳稳到达，运输连指导员高士祥让技术过硬的副连长白福祖亲自驾车，后面是十几辆军车和抚顺市及望花区有关领导乘坐的小车，再后面就是满载着花圈的大解放车。

车队到达烈士公墓。战士们把雷锋的灵柩从车上抬下来，抬得异常平稳，稍有不平，马上就有人喊，让雷锋平平稳稳地落地。在此之前，运输连早就派出一部分战士在公墓为雷锋挖墓穴了。

雷锋的灵柩被平稳地放到墓穴里面。墓前摆放着一张供桌，上面有点燃的香，并摆有馒头、菜肴、水果，还有筷子。在墓穴里有人扔了不少的铜钱、红布条子。整个下葬的程序，完全是按照抚顺当地的风俗进行的，充分表达了抚顺人民对雷锋的崇敬和爱戴。

开始往墓穴里填土了，部队和地方的领导首先每人抓一把土，撒在灵柩上。人们围着墓穴转，都不情愿把手中的土撒下去，也就是不愿意过早与雷锋分手，都想再延长一会儿，再延长一会儿……

等整个填土结束之后，大家又绕着雷锋的墓转了一周。

雷锋墓前立了一块木制的碑，上面写着："毛主席的好战士、中国共产党党员、抚顺市人民代表、中国人民解放军工程兵第十团班长雷锋烈士之墓　一九六二年八月十七日"。

1963年1月21日，中华人民共和国国防部命名"雷锋班"大会在沈阳军人俱乐部举行。

笔者当时为北方的人民解放军步兵连队里的一名战士，年方20岁，曾在1963年2月27日的《沈阳晚报》上发表了一首诗，歌颂好兵雷锋，标题是《雷锋活着》：

雷锋活着，

活在革命队伍中——
像火炬一样亮，
像旗帜一样红。
火光里，
旗帜下，
响着千万人的脚步声！

雷锋活着，
活在战士心间——
像高山青松般崇高，
像大海里水珠一样平凡，
革命的人生，
战斗的道路，
召唤我们勇往直前！

1963 年 3 月 5 日，《人民日报》《解放军报》《光明日报》《中国青年报》等都刊登了雷锋日夜想念却并未能见到的伟大领袖毛泽东主席挥笔为他写下的那七个大字——“向雷锋同志学习”。

从这一天开始，全中国学雷锋的活动，便在各地蓬勃和持久地展开了。

转眼半个多世纪过去了，时光飞逝，雷锋的名字一直响彻祖国广阔的山川大地。

当前，在中国特色社会主义新时代里，习近平总书记发出号召：“雷锋精神是永恒的，是社会主义核心价值观的生动体现。你们要做雷锋精神的种子，把雷锋精神广播在祖国大地上。”

一个雷锋在前面走，千万个雷锋紧紧跟随，中国和世界更加美好的未来，已经展现在我们的面前，让我们奋力前进吧！

雷锋精神在新时代

雷锋——这个伟大的战士，他的生命走到尽头的那一年，才刚刚 22 岁！

在位于辽宁省抚顺市的雷锋生前所在部队，在“雷锋班”那朴素而庄重的军营居室，在“雷锋铺”前，我看到了雷锋给这个世界留下来的洁白的床单、褪色的军被、淡黄的军装、军帽儿和那条人造革的腰带；在位于抚顺市望花区东段 61 号的“雷锋纪念馆”，我看到了雷锋生前那么多生活和工作中的感人照片，还有他纸页发黄的用钢笔书写的日记、他缝补过的厚线袜、孩子们给他佩戴过的红领巾、他用周日休息时间给战友们理发的工具……

实际上，雷锋给我们留下的远不止这些物质的东西，我们非常感谢他，非常非常地感谢他，给我们和我们的后代留下了最宝贵的“雷锋精神”。

雷锋精神，是以雷锋的名字命名的，是体现在雷锋身上并被人们广泛认可和赞誉、大多数人愿意学习和运用的，融入了我们党的宗旨和我们民族优秀的品格又充分显示雷锋个人风格色彩的，在实践中不断丰富和发展着的一种革命精神，她是我们中华民族的瑰宝，也是人类文明的丰碑。

从历史巨大变革和进步中诞生的雷锋精神，曾经顺利地发展，也曾面临一次次冲击和挑战。但是金子就是金子，即使被土埋，被火烧，被水洗，她仍会闪闪发光。

当下，我们处在这样一个簇新的时代。

从世界上看，和平与发展，是这个时代不变的主题。和平与发展相辅相成，各国共同发展是保持世界和平的重要基础。世界将广泛承认和趋向人类命运共同体的大势走向。

从我们国内看，中国共产党成立一百年了，中国共产党从无到有，从小到大，从弱到强，率领全国各族人民不屈不挠坚韧的斗争，经历了中国社会百年巨变，进入了在习近平同志为核心的党中央领导下，承前启后，继往开来，在新的历史条件下，继续夺取中国特色社会主义伟大胜利的新时代。

世界与中国，都沐浴着新的时代光辉。

在当代中国，没有哪一个普通人能像雷锋那样具有超越时空的广泛影响，没有哪一个普通人能像雷锋那样家喻户晓、深入人心，没有哪一个普通人能像雷锋那样长久地被持续传扬。

2019 年，我创作出版了一首长诗《雷锋，我们需要你》。

“雷锋，我们需要你！”这不仅是我一个人的呐喊，这是在新时代人民大众的共同呼唤。

雷锋的肉身虽然已经消逝了，但雷锋精神却须臾不曾离开过我们。在我们今天为中华民族伟大复兴奋斗的进军征途上，雷锋精神是构筑中国精神、中国价值、中国力量不可缺少的组成部分，是飘展在我们队伍前面的一面大旗。

雷锋说："我一心向着党，向着社会主义，向着共产主义。"这是雷锋在他生存的时光里从没有动摇过的理想信念。我们这本书的书名是《信念之子：雷锋》，就是褒扬雷锋是一个信念笃定而乐观向上的人，他为这个理想信念奋斗了一生。在为理想奋斗的进程中，他实现了自己的人生价值。雷锋怀有的理想信念，一心向党，听党的话，跟党走，为祖国和人民贡献自己的一切，正是今天我们广大群众特别是青少年共同的意志。

雷锋说："我活着，只有一个目的，就是做一个对人民有用的人。"雷锋还说："我活着，就是为了别人活得更美好。"这是雷锋的一种大爱胸怀。雷锋的很多照片都是微笑的照片，他对生活充满了热爱，他对战友充满了热爱，他对雨中抱着孩子行走的大嫂，对贫困家庭的小学生，对找不到家门的大娘，对一切遇到的陌生的需要他帮助的群众，他内心都充满了热爱。这种爱是大爱。人与人之间这种诚挚的情感，在我们为共同的理想、共同的事业奋斗的进程中是不可缺少的。

雷锋说："如果你是一滴水，你是否滋润了一寸土地？如果你是一线阳光，你是否照亮了一分黑暗？如果你是一颗粮食，你是否哺育了有用的生命？如果你是一颗最小的螺丝钉，你是否永远坚守着你生活的岗位？”雷锋的话，说的是一种自醒，自觉，自知，是一种责任感、一种担当。我们在新时代的新长征中，特别需要有这样的明确意识，我们每个人都是建设社会主义强国这盘大机器上的一个齿轮，一颗螺丝钉。哪怕再小的一颗螺丝钉，在这盘大机器上也是不可缺少的。我们热爱并做好自己应做的事儿，有创新的意识，有创业的渴望，学生要学习好，农民要种好田，工人要搞好生产，干部要尽心履职……如果大家心中想着全局，各司其职，各自做好各人应该做的事情。这样，我们就会为我们整个国家和民族要实现的伟大目标做出了自己的贡献。

雷锋说：“我愿在暴风雨中，艰苦的斗争中锻炼自己，不愿在平平静静的日子里度过自己的一生。”心系暴风雨，这是海燕的情怀。雷锋还说：“不经风雨，长不成大树。”“不受百炼，难以成钢。”“迎着困难前进，这也是我们革命青年成长的必经之路。有理想有出息的青年人必定是乐于吃苦的人。”在艰苦的斗争中锻炼自己，这是一种人生进取的锐气。还记得雷锋在高小毕业典礼上的讲话，他说：“我响应党的号召，去当新式农民——做个好农民，驾驶拖拉机，耕耘祖国土地；将来再做个好工人，建设祖国；将来再做个好战士，拿起枪，用生命和鲜血保卫祖国，做人民英雄。”看，小小的雷锋，大大的志愿。他仿佛是一个预言家，他在短暂的一生里，从 16 岁高中毕业到 22 岁因公殉职，在这 6 年的时间里，他先后换了 7 个工作：当过农民，当过机关通信员，当工人的时候换了好几个工种，当战士……完全验证了他小时候说过的话。这里面有偶然，也有必然。习近平总书记说："有梦想，有机会，有奋斗，一切美好的东西都能够创造出来。"古人说：预则立，不预则废。有了理想，才可能奔向这个目标去奋斗，实现自己的理想。在今天，雷锋的说法和做法，给大多数年轻的朋友，带来了人生的启迪和思考。

雷锋说："钉子有两个长处：一个是挤劲，一个是钻劲。我们在学习中，也要提倡这种钉子精神，善于挤，善于钻。"

雷锋的钉子精神，是人们熟悉和乐于接受的一种坚定不移、锲而不舍、向上、向前的人生理念。这在今天，就是我们经常提到的"永不放弃"的一种意志。在人生的许多挫折和困难面前，都应该有这样的一种不懈攻关的精神。这应该是我们新时代必备的人生格局和状态。

雷锋是人民之子、时代之子、信念之子。

人民有信仰，国家有力量，民族有希望。

我们的人民怀念雷锋，我们的时代呼唤雷锋。建设有中国特色的伟大的社会主义强国，完成民族的伟大复兴事业，需要千千万万个具有新时代特征的雷锋式的新人。习近平总书记号召我们："把雷锋精神广播在祖国大地上"。这是时代的需要，也是亿万群众迫切的愿望。

雷锋，从未走远；

雷锋，就在我们身边。

雷锋，微笑永远那么灿烂！

雷锋，这面旗帜，仍在我们的前面高高飘扬！

后　记

我十分感谢外文出版社意义深远的创意和策划，精心打造“中国共产党人”这套丛书，向国际社会讲述优秀共产党人的故事，使国外读者更好地了解中国共产党的使命和奉献精神；感激外文出版社资深编辑曹晓娟给了我参与写这套书的极好机会；感激中国社会福利基金会学雷锋基金管委会名誉主任冷宽中将，他多次邀请我撰写雷锋的故事，并给予我许多切实的指导。

我能完成这部书稿，首先是在原沈阳军区政治部宣传部文艺科工作时的老科长陈广生的引领下，他被称为“中国写雷锋的第一人”。我跟随着他撰写雷锋几十年，他的大脑和小本子，密藏着雷锋最原始、最宝贵和最丰富的资料，他对宣传雷锋的贡献不可磨灭。我与已故陈广生先生合作多年，为撰写这本书打下了良好的基础。在完成这本书写作任务的时候，我还参阅了冯健大姐撰写的《望城起步》和作家张惠双撰写的《工人岁月》等相关著作。

在中国共产党这个伟大的集体中，雷锋是非常优秀的一员，是一位杰出的代表。他离开我们已经半个多世纪了，他那微笑的脸庞仍时常浮现在我的眼前。

我们生活的时代，无论怎样的日新月异，都不能缺少雷锋精神。在新时代里，需要各个年龄段、各个岗位上更多的“雷锋”走在队伍的前列，带领和影响亿万人民把我们的祖国建设得更加富强、更加文明、更加伟大，让人民的生活更加富裕、更加幸福、更加美好！

胡世宗

2021 年 4 月于海南省琼海市博鳌金湾